知的生きかた文庫

されど日記で人生は変わる

今村　暁

三笠書房

はじめに

なぜ「日記を書く」といいのか——?

自分が本当にやりたいことが見えてくるから。

自分の長所や短所、強みや弱みがわかるから。

自分の悪い習慣を改めることができるから。

自分の心の状態を把握することができるから。

自分が感謝すべきことを見失わないから。

多くの気づきや学びを得ることができるから。


……その他にも、挙げればキリがありません。

そう、日記を書くだけで、自分が変わるのです。人生が変わるのです。

「たかが日記にそれほどのパワーがあるの?」

そういう人にいいたい。

「されど日記で人生は変わる」

と。

私はこれまで、「能力開発」や「習慣教育」について、個人や組織のコンサルティング、カウンセリングを行なってきました。経営者やビジネスパーソン、学生、主婦、アスリートにいたるまで、数多くの方とのご縁をいただき、一緒に「夢の実現」や「目標達成」の手助けをしてきました。

その過程で、**自分を変える、人生を変えるために日記ほどシンプルで強力なツールはない**と確信しました。

ただし、その「書き方」にはちょっとした工夫やコツが必要です。私が推奨《すいしょう》するのは、**自分の心の深いところ――「感性」に強く訴えかける書き方、「感性」を大きく揺さぶるような書き方**をしようとするもので、潜在意識のレベルから自分の思考、習慣、行動を変え、人生を好転させるための日記メソッドなのです。

「なんだか難しそうだな、めんどうそうだな」

そう思った方がいるかもしれません。しかし、ご安心ください。難しいものではありませんし、めんどうなものでもありません。

この日記で書くことは、基本的にたったの五つです。その五つとは何か──本文でじっくりご紹介しますが、書く分量も、慣れるまでは**1分～3分ほどで書ける分量で十分**でしょう。さらに、**好きなときに、好きなところで、書きたい項目だけ書けばOK**です。

この日記を書き続けると、「自分のこと」が本当によくわかってきます。自分のことがよくわかるようになると、物事が好転していきますので、毎日が楽しくなります。すると、もっと日記が書きたくなります。そんな好循環をつくるために、この本が精いっぱいあなたをサポートします。

それでは、気軽に1章から読んでみてください。

今村　暁

目次

第1章

なぜ日記を書くか？

――自分の本当の「want」に気づいていく手法

第2章

何を日記に書くか？

——素直に、シンプルに自分の「欲」をさらけ出す

第3章

どう日記に書くか？

——たった「五つのこと」だけ書けばいい

第4章

いかに成功するか？

——こんなことも日記に書き出してみよう

第5章

どう幸せになるか？

――〝日記効果〟をもっと高めるための考え方

第6章

ここに気づくか？
――日記を通して、心の内側をもっとよく見る

第7章

何を大事にするか？

——日記で「人生のルール」を変えていこう

編集協力／森下裕士
本文ＤＴＰ／株式会社システムタンク

第1章

なぜ日記を書くか？

――自分の本当の「ｗａｎｔ」に気づいていく手法

日記で人生はこう変わる

日記を書くだけで人生は変わる。

人生は好転する。


といったらあなたは、信じられるでしょうか。

しかし、これは多くの成功者が実証してきたことです。

一日のほんの少しの時間で日記を書き、自分の心と向き合うだけで、感性が研ぎ澄まされ、光り輝く。自信にあふれた日々を送り、成功と幸せを手に入れることができるのです。


20kgのダイエットに成功した。

年収が1000万円を超えた。

税理士の資格試験に合格した。

TOEICで900点を超えた。

理想的な家を建てることができた。

ずっとやりたかった仕事で起業することができた。

夢だった留学を実現できた。

理想的なパートナーを手に入れた。

競輪のＧ１レースに出場できた。

そんなバカな……。

そんなに簡単にいくものか……。

そう思ってしまう人も多いかもしれません。

しかし、これは、私が開発した日記メソッドを実践した人たちから報告された、ほんの一部の出来事です。

日記があなたから引き出してくれるもの

私は、「感じる力を引き出す能力開発」や「いい習慣づくりをする習慣教育」

について、個人や組織のコンサルティング、カウンセリングを行なってきました。

今までに数多くの個人の方や組織とのご縁をいただき、一緒に「夢の実現」「目標達成」の手助けをする仕事をしてきたのです。

私がこの日記の書き方を体系化することができたのは、社会的に大活躍されている人たちとの出会いがありました。

そして、才能や能力は間違いなくあるのに、それをなかなか発揮できていない人たちや、また、メンタル的に不調な人たちとの出会いがあったからです。

どの人たちも真面目でいい人ばかりでした。

しかし、彼ら、彼女らは、何かのきっかけで「感じる力」を失いかけている人たちでもありました。

彼らとのつき合いを通じて、「感じる力を取り戻してほしい」という思いが強くなったのです。

その過程で、**「いい習慣づくりをして成功を手に入れる」「感性をよみがえらせて幸せを手に入れる」ために日記が非常に役立つ**ことを実感してきました。

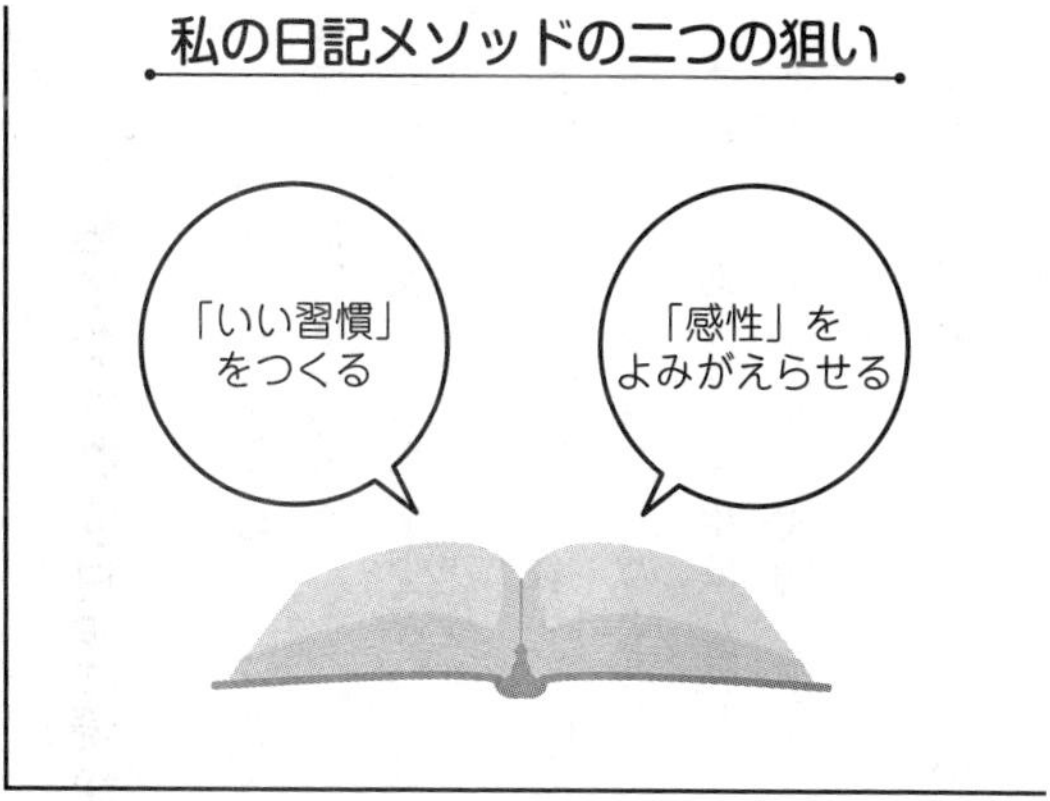

日記をツールとして用いた「習慣教育」「能力開発」の指導を進める中で１０００人を超える人たちの日記を見てきましたが、どの人の日記も個性的で誇らしげでした。

そして、私は『3分間日記』という本を出版し、そのエッセンスを発表してから、全国でその日記の実践者がさらに急増しました。多くの人から「日記を書いて、こんな変化があった！」という嬉しい声が届いたのです。そして、本書でご紹介する内容は、その『3分間日記』に改良を加えて、よりシンプルに、効果的に人生を変化させるメソッドです。

簡単でなければ日記は続かない

この日記に書くことはシンプルで、簡単に実践できます。はじめのうちは、1分ほどで書けば十分です。

しだいに楽しくなってきたら、3分、5分と日記に当てる時間も増えていくでしょう。

でも、これは決して「強制されてイヤイヤやるもの」ではいけません。まずは、日記を1分くらいでいいので書き、楽しむ——。

そこからあなたの人生は好転しはじめます。

多くの人がなかなか成功できない原因に、

①物事を継続することができない
②行動を起こすのがめんどう

③自分を信じることができない

ということがあります。

今や書店に行けば、自己啓発書、成功哲学本は山積みになっています。じつはすでに、多くの人が「成功するにはどうすればいいのか」を知っているということです。

多くの人がすでに成功する方法を知っているのに、成功できない——。

日本中のダイエットを試みている人はみんな、やせる方法を知っているのに、やせられない。ダイエットに成功できない、ということと同じです。

多くの自己啓発書や成功哲学本がいっていることは「たしかに、そのとおり！」という内容です。でも、めんどうなためそれを実践、継続することができないのです。

そもそも「そんなに大変で、めんどうなことをやり続けられる能力があったら、その時点で成功者だよ」と思えるようなものもよくあります。

そして、実践、継続できないため、自分を信じることができず、結局、成功することができないのです。

本書で紹介する日記は「簡単で、楽しい」から続けられます。このことは多くの人が実証しているから安心してください。

「理性」ではなく「感性」を大事にする日記

では、なぜ、この日記メソッドだと成功や幸せが手に入るのでしょう。

じつは、世の中にあふれかえっている自己啓発書や成功哲学本が説くメソッドとは決定的に違う点があるからです。

それは、

「感性をよみがえらせることを意図としたメソッドである」

という点です。

日記によって感性をよみがえらせることで、自分の本当の「want（～したい

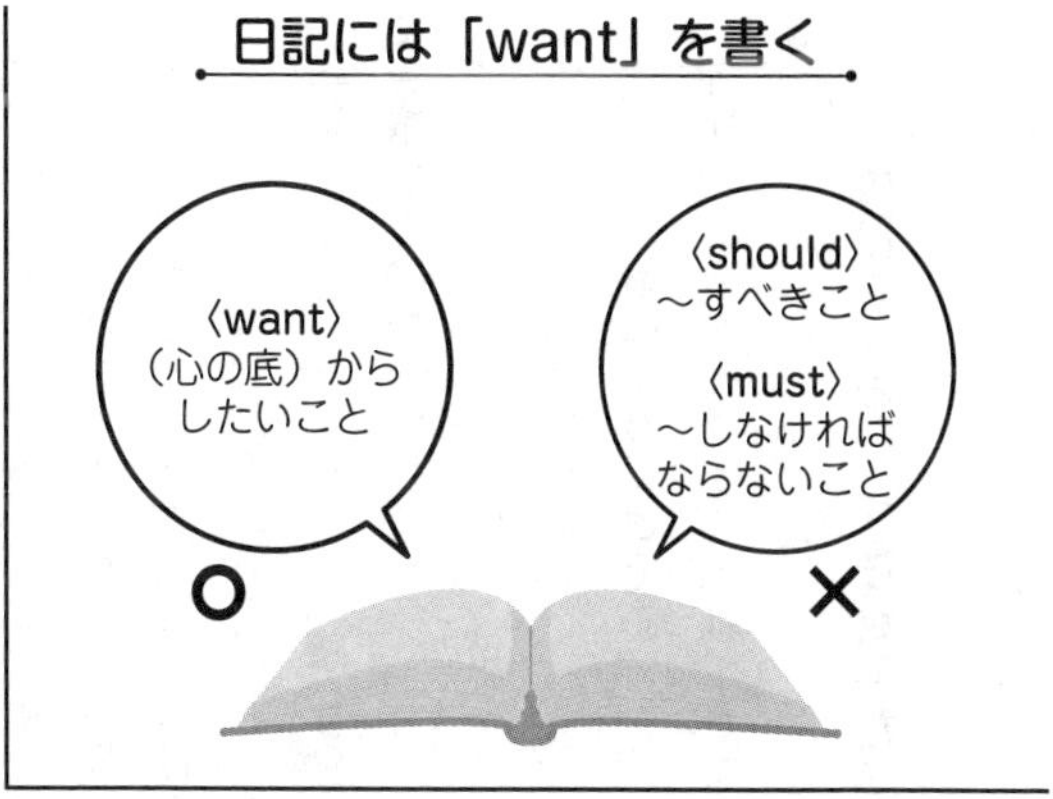

こと）」に気づいていく手法なのです。

日々、理性の世界で「should（〜すべきこと）」や「must（〜しなければならないこと）」に囲まれていると、本当の「want」に気づけなくなるのです。

だから、日記を書くことで、日々、自分と向き合い、自分の心の深い部分を掘り下げていきます。

そうすると、自分の本当の「want」に気づくようになるのです。

「should」や「must」だらけの環境の中で、無理やりつくった夢というものは、理性で「考えた」夢なので達成するのは難しくなってしまいます。ですが、感性で導き出した、心の底からの「夢」には自然と近づいていけるのです。

世の中、理性的な人、理論・理屈が立つ人を「頭がいい」と評価する傾向がありますが、理性というのは嘘をつけます。

というよりも、頭のいい人ほど、自分に嘘をついてしまうのです。

感性は嘘をつけません。**「感じること」こそが自分の心の底から湧き出た本当に大事なもの**なのです。

心の底から「やりたい」と思っていないことをやろうと思ったところで、うまくいくはずがありません。

感性を大事にすることです。

理屈で自分を動かすことはできません。

毎日をワクワクさせるために書く!

人生を変えるには、成功するためには「自分はどのようにしたらいいのか」ということを、じつはたいていの人がすでに知っています。

「早起きしよう」
「身の回りの掃除をしっかりとしよう」
「英語の勉強をする時間をつくろう」
「健康のために、ジョギングしよう」
「本をたくさん読もう」
「人の話はしっかりと聞こう」
「タイムマネジメントをしっかりとしよう」
「プラス思考でいこう」
「体脂肪を減らし、スリムになろう」

……どれもこれも多くの人がすでに知っている「正解」です。
でも、みんな知っているのに、それをできないのです。

日本中の太っている人は「やせる方法を知っている」のです。でもやせられないのです。

だから、書店には「ダイエット」の本があふれています。その他にも「早起き」「掃除」「コミュニケーション」「タイムマネジメント」「プラス思考」……の本が所せましと並んでいます。

そして、成功できない人たちは、似たような本を買い続けるのです。

この理由こそ、自分の夢、目標を「理性」のレベルでしかとらえていないからなのです。

理屈や正論で他人を動かせないように、自分自身も理屈や正論で動かすことはできないのです。

もし「should」「must」で自分自身ががんじがらめになってしまったとき、力を発揮できるでしょうか。

できません。

大事なのは、自分を動かすために大きなパワーを持つ「want」です。

「should」や「must」ではなく、「自分の心」をワクワクと興奮させてくれるような「want」が必要です。

だから、日記を書くのです。

第2章

何を日記に書くか？

――素直に、シンプルに自分の「欲」をさらけ出す

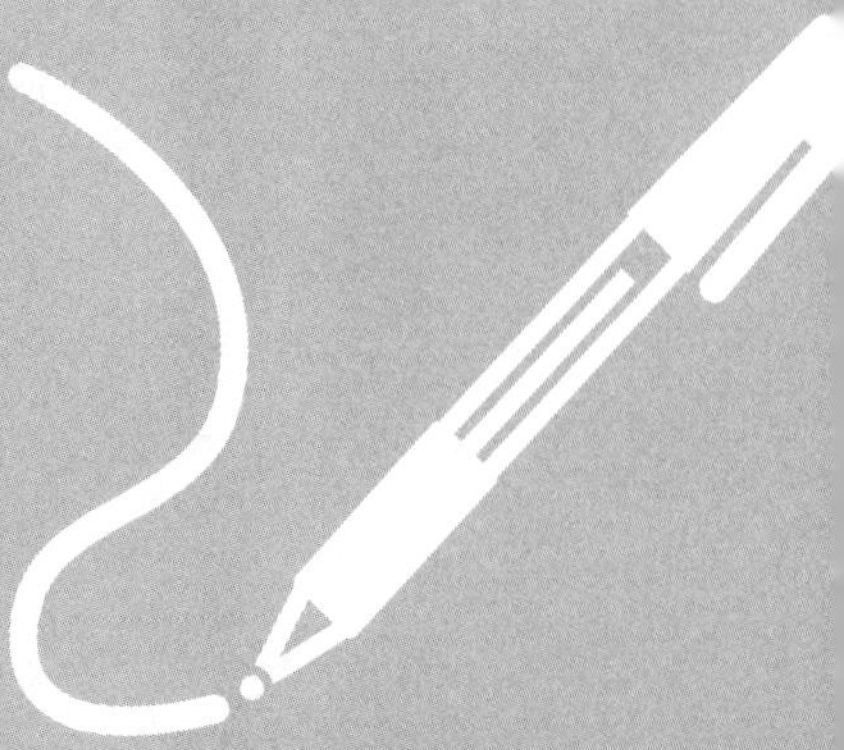

わかっているようでわかっていない自分のこと

この日記は、単なる「出来事の記録」をするものではありません。

「自分をよく知る」ための日記です。

そして、自分のことをよく知るからこそ、人生が好転していくのです。

仮にあなたが、家庭教師だったとしましょう。そして、ある生徒を担当することになったとして、いきなり一方的に授業を開始したりはしないはずです。

まずは、その生徒の特徴をつかもうとするでしょう。

「何が得意で、何が苦手か」「どのくらいのレベルの学力か」などを知ろうとすると思います。

そして、目標を達成するために生徒に合ったプログラムを考え、それに沿って授業を進めていくはずです。

でも、なぜか、他人のことはよく知ったうえでプログラムを考えようとするのに、自分のことはよく知らないまま、いきなり目標に向かって走りはじめようとします。

あなたは「この質問」に答えられますか？

私が今までに会った人の中で、「自分の本当の力」に気づいている人はほとんどいませんでした。100人に1人くらいのものでしょう。

自信を持っているような発言をしても、じつはもろい自信であったり、すでに成功をおさめているようでいても、本当はもっと大きなことができる人であったりします。ほとんどの人が自分の本当の力に気づいていませんでした。

どの人も、まだ自分のことをよくわかっておらず、自分の力をフル活用できていないのです。

「いや、自分は自分のことをわかっている」という人がいるかもしれません。しかし、本当にそうでしょうか。

それでは、

「あなたは去年の今日、何をしていましたか？」

「あなたが本当にやりたいことはなんですか？」

「一日のうちで、あなたの集中力が高まる時間帯はいつですか？」

「あなたはどういうときにイライラしますか？」

「あなたはマイナスの感情が浮かんだときに、どのような行動をしますか？」

「毎年、何月ごろは調子がよく、何月ごろは調子が悪いですか？」

「他人のどういう一言にやる気を出したり、傷ついたりしますか？」

……などに答えることができるでしょうか。

日記は「自分の取扱説明書」となる

じつは、この日記をつけ続けるとこういったことがわかってきます。

日記を書くことで「自分の取扱説明書」ができるのです。

誰の目を気にすることもなく、自分に正直に書きつづった日記は、世界に一冊しかない「あなた」という人間を知るための最高の資料なのです。

たとえば、私の場合、毎年6月に疲れがたまり、風邪をひきやすくなります。毎年12月に体重が増えやすく、仕事をためこみイライラしやすいのですが、こんなことも日記を書き続けるとわかります。だからこそ私は、6月や12月には注意して物事に臨むようになったのです。

「自分のことがよくわかっている人」と「自分のことがよくわかっていない人」が目標のために努力するとしたら、どちらがより早く、より確実に目標を達成できると思いますか。もちろん前者です。

あなたが女性読者だとして、「化粧をちょっとミスしてしまった」としましょう。

他人から「そこの口紅がちょっとはみ出ている。色がイマイチ。角度がちょっと……」などと指摘されてもよくわからないでしょう。

自分で鏡を見れば一瞬でわかるのです。

日記を書くと「自分」が見えてくる

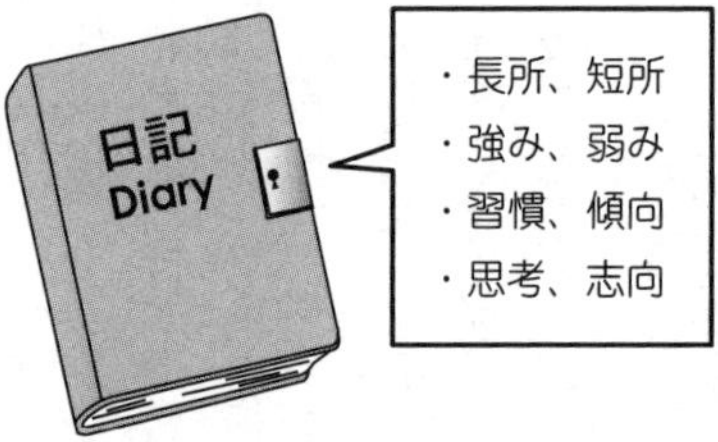

日記は、この鏡と一緒です。自分に起きた出来事に対する感情、思いなどを書いていくので、鏡を見るように自分のことがよくわかるようになります。

日記によって自分の長所、短所、強み、弱み、習慣、思考など自分のことがよくわかるから、カウンセラーなど必要なくなります。

そして、**日記を書き続けると、自分の夢が見えてきます。**夢が見えてくると、それは生きるエネルギーになります。

夢こそ、人生を変える力です。成功するためには、幸せになるためには、「夢」というエネルギーは必要不可欠です。

「意志」ではなく「欲望」を強く持つ

「意志を強く持つ」というのは大変です。「意志を強く持つ」ことで目標を達成しようとしても挫折します。

それよりも、**「欲望を強く持つ」**ことです。

たとえば、ダイエットをしようとして、「一日1200キロカロリーに抑えよう」と理性で考えて、意志を強く持ってダイエットに臨むより、「あの服が似合うスリムな体になろう。そうしたら大好きなA君が振り向いてくれるかもしれない」という欲望を強くするほうが、成功の確率は高くなるのです。

私が大変親しくさせていただいている人の中に、自分の夢のために「一日一食」を16年間も続けた人がいます。

その人とはボクシングの元世界チャンピオンで日本プロボクシング協会会長の大橋秀行さんです。

大橋会長は小学生のときに「将来は世界チャンピオンになりたい」「チャンピオンベルトを巻きたい」という夢を持ちました。「ヒーローになりたい！」と。

そして、自分の中で世界チャンピオンになるための戦略を立てました。

「日本人は軽い階級のほうがチャンスがある」と考えた大橋少年は、体が大きくなりすぎてしまわないように、12歳のときから、一日一食しか食べないようにしたのです。中学や高校のときには、給食やお弁当を食べる時間もあります。そのときも、何も食べませんでした。学校の先生からは「育ち盛りの子どもなんだから、しっかりと食べさせてほしい」という電話が親にあったそうです。

でも、大橋少年は「僕の夢を邪魔しないでほしい」ときっぱりと拒み、ボクシングに打ち込んでいったのです。

その後、念願の世界チャンピオンになり、一日一食という生活をなんと28歳でボクシングを引退するまで続けたのです。

普通の人にはとても真似のできることではありませんが、まさしく、「夢を持つ力」「欲望を持つ力」こそ成功の鍵であることがわかるエピソードです。

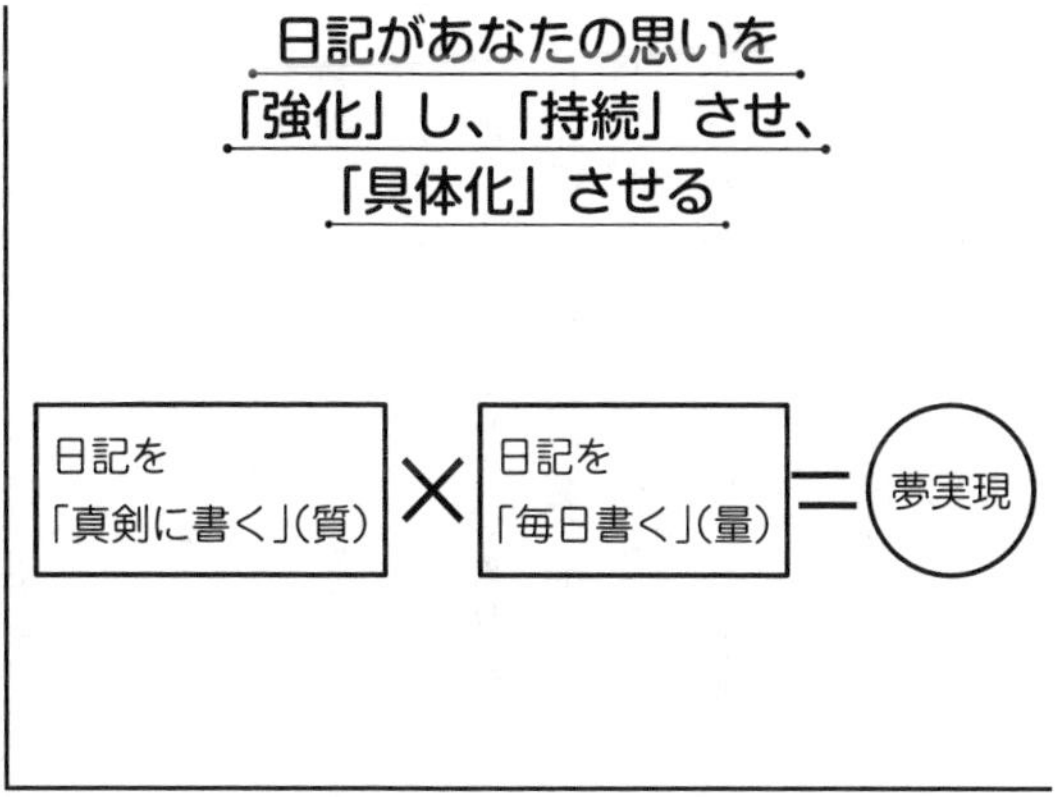

たった1行書くだけでもいい

では、なぜ、日記は「夢を持つ力」「欲望を持つ力」を高めるのか。

それは、**日記を書くという行為が、あなたの思いを「強化」し、「持続」させ、「具体化」させるから**です。

夢の実現の可能性は、日記を「真剣に書く」（質）×「書いた回数」（量）に比例して高まっていくのです。

夢を3年に1回しか思い出さない人と、毎日「自分はこんなことを実現したいんだ」と思い続けている人——。

どちらが実現する可能性が高いでしょう。

いうまでもないでしょう。

毎日「自分の夢や目標を確認している人」のほうが可能性が高いのです。

自分の夢や目標を確認することは、自分の生き方を確認することです。

日記を書くことは、「自分の生き方を確認する」ことでもあるのです。

どんなに短い文章でもいいのです。

たとえ1行でもかまいません。

日記に「毎日、自分が本当にやりたいこと」を書いてみてください。

前章でも述べたように、**ポイントは、「should（〜すべきこと）」や「must（〜しなければならないこと）」を書くのではなく「want」を書くこと。**「I want」を書くことが重要です。

それが自分の夢や目標と真剣に向き合うことであり、その夢や目標を実現、達成する秘訣なのです。

書けば「必要な情報」が飛び込んでくる

日記は、あなたの夢実現、目標達成への「最短の道」を用意してくれます。

日記を書くことで、夢実現、目標達成のために必要な情報が次々に入ってくるようになるからです。

たとえば、「ハワイに移住したい」と日記に書いたとします。

すると、あなたの目と耳にはハワイの情報が次々に飛び込んでくるようになります。テレビ、新聞、雑誌などからハワイの情報があなたの目、耳にどんどん飛び込んでくるのです。

書店に行っても、インターネットを見ていても、人と会って話していても、あなたの周りにあふれかえっている無限のハワイの情報が、あなたの目、耳に飛び込んでくるのです。

もし、資格試験の合格を目指してそれを日記に書き続けたら、資格試験に合格するための情報が次々に飛び込んできます。

大学合格を目指して日記を書き続けたら、志望校に合格するための情報が次々に飛び込んできます。

ダイエットで10kg体重を減らしたいと考えて日記を書き続けていたら、そのための情報が次々に飛び込んでくることでしょう。

夢や目標に対して焦点が合ってしまえば、たとえば書店に行っても自然とあなたの足は興味のある分野に向き、必要な本を難なく見つけ出すことができるようになるのです。

ですから、**「自分がやってみたい」「こうなりたい」と思うことを、素直に、シンプルに日記に書く。毎日書く。**すると、そうなるために必要な情報、また人脈も次々に集まってくるのです。

あなたの本当の「ｗａｎｔ」は何か？

私がセミナーやコンサルティングをするときに、参加者の「夢」の話を訊くと、多くの人の夢には「should」や「must」が入り込んでいたりします。

夢とは、あなたが心の底からワクワクするものです。純粋な「I want」です。

「自分には大きな夢なんてない」という人が多くいます。そういう人は無理に大きな夢を書く必要はありません。

小さくたっていいのです。それが純粋な「I want」であれば。

極端にいえば、「あそこの新しくできたラーメン屋に入ってみたいな」「体重があと2kg減って、オシャレができたらな」「自分の部屋にいい本棚が欲しいな」というようなものでもかまいません。**心の底からワクワクできることならそれでいいのです。**

そして、ワクワクすることをしていると、毎日が喜びと楽しみにあふれるようになってきます。

あなたの「心の底からワクワクするI want」はなんですか？

すぐに出てきますか？

最近、私は多くのクライアントと会話をしていて、よく感じることがあります。

それは、世の中の多くの人が「I want」を見失っていることです。

ズバリ、お訊きします。

あなたが「I want」と思っていることは、じつは「You want」「He wants」「○○ want」ではありませんか？

いつも自分のやりたいことをガマンしていたり、「これが○○の喜ぶことだから」と、自分の「want」ではなく、他人の「want」に人生を支配されていたりしませんか？

「親のため」「顧客のため」「社会のため」の前に、まず「自分のため」というあなたの「I want」をしっかり掘り起こすことが大切なのです。そして、それを日記に書くのです。

自分の本当の「I want」があってこそ、他の人のことも考え、他の人のためにもなれるのです。そして、その「I want」が、親のため、顧客のため、社会のため、家族のため、○○のためとなっていたら、それが最高です。

ではもう一度、質問します。

あなたの本当の「I want」はなんですか？

日記で「潜在意識」を変えていけ

あなたは階段を上がるとき、どちらの足からのぼりますか？　右足からか左足からか考えながら選んでのぼっていますか？

きっとそんなことはないと思います。「無意識に」同じ足から階段をのぼっているとでしょう。

人は、潜在意識（無意識）＝習慣で生きています。

ですから、人生を変えたいと思ったら、潜在意識＝習慣を変えねばなりません。

「自分の潜在意識（習慣）を変えるのは難しいのでは？」

そういう声が聞こえてきそうです。実際にセミナーなどで、受講者からよくこの言葉を聞きます。

でも、私は、潜在意識（習慣）を変えるのは簡単だと思っています。それは、今の自分がそれなりに成果を出し続けてこられたのは、潜在意識（習慣）を変えてきた結果だからです。

もし、あなたがあまり貯金や資産がなかったとしたら、それは「金儲け＝汚い」という考えが潜在意識にあるのかもしれません。

もし、あなたがダイエットが必要なくらい太っていたとしたら、「べつにデブだっていいや」「人は外見ではないよ」「おいしいものを食べるのをガマンするなんてごめんだ」などといった考えが潜在意識にあるのかもしれません。

自分を変えていこうとするのなら、まずは自分の潜在意識を理解することです。理解できれば、それを変えていくための方法も見えてきます。

日記で毎日、自分のことを書いていると、自分の潜在意識（習慣）をよく理解できるようになります。

ですから、日記を書くということが自己を改革する、人生を好転させるのにとても有効なのです。

「1分間日記」のすごいパワー

理想としては「3分」くらい使って、自分を見つめるための日記を書くと人生はいいほうに向かいはじめます。

ただ、はじめは「1分」からスタートすればいいでしょう。人によって違いますが、1分だと100字～200字は書けます。

その**「1分間日記」の積み重ねが、あなたの感性をよみがえらせていく**のです。

できれば、手書きが、感性をよみがえらせるには有効ですが、スマホのメモ帳に打ち込むのでもかまいません。とにかく、まず1分くらいの時間を使って日記を書く。それを習慣づけましょう。

書き続けていると、しだいに、日記を書くことが楽しくなり、自分のことが今よりよくわかってきます。**日記を書くことによって自分がわかると、さまざまな物事がうまくいき、好転しはじめるので、もっと書きたくなります。続けたくな**

ります。

一日に15分くらい日記を書くのに使い、自分に向き合うようになると、あなたの人生はさらに大きく変化しはじめるでしょう。

「忙しくて続かない」というあなたへ

以前、「いやぁ、昔、日記を書いてみたことがあるんですけど、忙しくて続かなかったんですよね」という人がいました。「1分でもちょっと自信がないな」というのです。

でも考えてみてください。

たった「1分」でさえ自分と向き合うための日記を書く時間をつくれない、つくらない人が、成功できるでしょうか。幸せになれるでしょうか。

できるはずがありません。なれるはずがありません。

仮に日記という手段でなくても、自分となんら向き合うことなく「自分のための人生を手に入れる」ということは難しいのです。気がつくと、誰かの人生の脇役として生きていくことになってしまいます。

自分と向き合うには、他にも瞑想《めいそう》をしたり、坐禅を組んだり、ヨガをやったり、いろいろな方法があることでしょう。どの方法でもかまわないと思います。

でも、その中でも**日記というのは、もっともシンプルで強力な効果を発揮してくれる自己改革ツール**です。

本書でこれからご紹介する日記の書き方も、とてもシンプルです。自分流にさまざまなカスタマイズができます。そんな応用も利くシンプルな方法で、効果的に自己改革していけるのですから、実践しない手はないと思います。

日記は「心質」を改善してくれる

日記は「心質」を改善します。

心質とは何か。

文字どおり、心の質のことです。

誰もが知っている言葉に「体質」があります。太りやすい体質、疲れをためやすい体質、お腹を下しやすい体質……いろいろな体質の人がいますが、心にもさまざまな質（心質）があります。

ワクワクしやすい心質、クヨクヨしやすい心質

明るい心質、暗い心質

負けず嫌いの心質、負けに慣れてしまっている心質

自責の強い心質、他責の強い心質

お金を大切にする心質、お金を粗末にする心質

人づき合いを大切にする心質、人づき合いをないがしろにする心質

……挙げたらキリがないほどいろいろなタイプの心質があります。

体質と同様に心質も百人百様なのです。

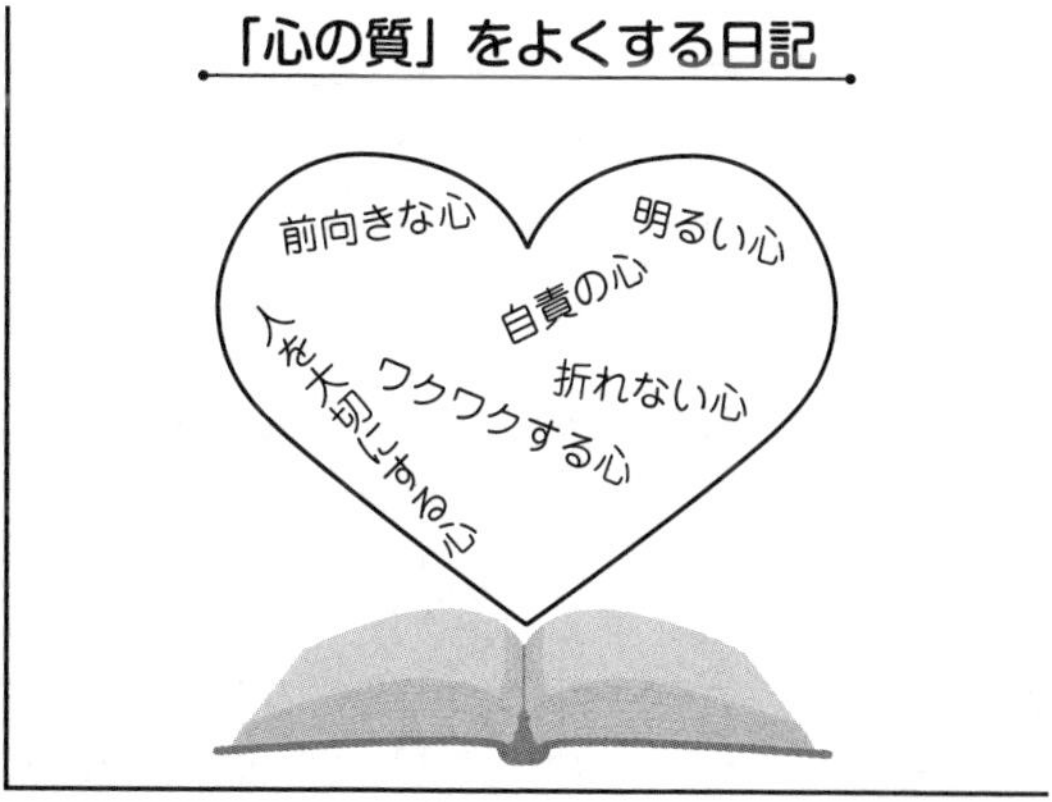

「成功しやすい心質」とは

体質改善するための努力をする人は多いのに、なぜ心質改善はしないのか？

自分の体質に問題を抱えている人は、体質改善のために必死に努力します。虚弱体質の人は、体を強くするために運動をしたり、ヨガをしたりします。アレルギー体質の人であれば、食事を変えたり、身の回りの環境を変えたりします。

どうして体質改善に取り組むのかというと、「生きていて不都合がある」「自己実現のための障害になる」からです。

虚弱体質よりは頑強な体質のほうが、行動的になれますし、ハードに勉強も仕事もできます。悪い体質の人よりはいい体質の人のほうが、何かと有利であることは間違いありません。

ですから、多くの人が自分の体質を改善しようとする。

それに比べて心質はどうでしょう。

あなたは、自分の「心質」についてわかっているでしょうか。悪い心質があれば、それを改善しようと努力しているでしょうか。わかっていても、「私はこういう性格（心質）だから」と勝手に決めつけて、それを改善しようと努力しない人のなんと多いことか。

悪い体質の人がアスリートとして成功できないように、悪い心質の人がそれを改善することなく成功しようと思っても無理なのです。

あなたが悪い心質を持っていれば、それは「成功したい」「幸せになりたい」というあなたの願い、思いの障害となるでしょう。

その反対に、あなたがいい心質を持っていれば、それは確実にあなたを成功や幸せに導いていってくれるでしょう。

今まで数多くの経営者、起業家、ビジネスパーソン、アスリート、受験生を見てきた私は、そのことを実感しています。

心質を改善する方法はいくつかあります。

私が日々行なっている「習慣教育」では、「夢の習慣」「考え方の習慣」「行動の習慣」「知識の習慣」という四つの柱で指導をしています。

そのいずれにおいても「感じ方」「考え方」「動作」「姿勢」「表情」「言葉」「声」など、さまざまな要素を複合的に変えていき、加速的に心質を変えていくことに取り組みます。

本書では、その中でも特に重要な**「感じ方」「考え方」を変え、心質を変えていくためのメソッドとして日記を書く、日記を活用する**ことについて説明していきます。

日記を書くことで、「成功しやすい心質」「幸せになりやすい心質」を手に入れましょう。

まずは2週間続けてみよう

「日記を書くことは、なるほど効果があることはわかった。でも、今まで、日記を書こうと思ったけど、三日坊主ばかりだったな」という人も多いでしょう。

でも安心してください。

本書で紹介する日記は簡単で、楽しいから続けることができます。

私が「習慣教育」に取り組んできてわかったのは、いい習慣を手に入れられない人は次のような考えを持っていることです。

・やる意味を感じられない
・楽しくない
・時間がない
・めんどくさい

　ここまで読み進めてきた方は、日記を書くことに「やる意味を感じられない」ということはないはずです。

「楽しくない」ということにかんしては、じつは、日記を書いて自分と向き合うというのはとても楽しい作業、ひとときなのです。

　今までのあなたの日記に対するイメージは、学校の宿題で無理に書かされていたものなのではないでしょうか。**日記を大人になった今書いてみると、「自分ってこんな人間だったんだ！」という気づきと発見に満ちた、とても楽しい作業だと感じる**はずです。

　次に「時間がない」「めんどくさい」という人にかんしては、この日記を書くのに時間はかかりません。

　先述のように、はじめのうちは、わずか「1分」でかまいません。しだいに、日記の効果があらわれはじめると、もっと日記を書くことに時間をかけたくなるようになります。

そして、2週間この日記を書いてみると、「自分のこと」がわかってきます。

そして、たくさんの欲（自分がやりたいこと）が湧き出してくるのを体感することになります。

すると、物事が好転していきます。毎日が充実してきます。

ぜひ、わずか1分の日記を、まず2週間続けてみてください。

たとえば、自分の「嫌いな人」を書き出してみると？

なかなか前に向かって行動できない人の中には、「自信がない」という人が多くいます。

このような人に、私は、「あなたが嫌いな人、信用できない人ってどんな人？」と訊いてみることがあります。

・嘘をつく人

・有言実行できていない人
・何を考えているのかはっきりしない人
・外見がだらしない人
・人の悪口をいう人
・約束を破る人
・元気がない人

……などが挙がります。

人により、そのタイプは違うかもしれませんが、じつはこれ、自分自身に当てはまることが多いのです。つまり「自己評価」の裏返しであることが多いのです。自分自身を「嘘をつく人」「有言実行できていない人」「何を考えているのかはっきりしない人」「外見がだらしない人」「人の悪口をいう人」「約束を破る人」「元気がない人」と思っていたら、自分を信じられなくて当然です。

あなたの「嫌いな人」「信用できない人」はどんな人でしょうか。それを書き

出してみると、自信を取り戻すヒントになるかもしれません。

日記を書くと、自分と向き合うようになります。嘘偽りのない本当の自分と対話することができるのです。

自分との対話を深めることによって、自分のことがよく理解でき、自分をよりよい方向に変えていくことができます。

日記で頭の中をすっきり整理整頓する

掃除をしていないごちゃごちゃの部屋から、大切なものを見つけ出すのは大変です。どこに何があるのかわからないし、それが本当に部屋にあるのかさえも把握していないからです。

汚い部屋に住んでいたら、心も落ち着きません。慣れて、ただ住むことはできても、きれいな部屋のほうがより心が休まり、先ほど述べた心質がよくなる暮らしができるのは間違いありません。

学生時代、「勉強をする前に、まずは机の上を片づけてから……」という人も多かったのではないでしょうか。

じつは、頭の中も同じです。頭の中が整理されていない人は、いつも混乱していて、そのため行動も遅くなります。余計なことばかりあれこれ考え、行動を起こすのが遅くなるのです。

あなたの周りの仕事が速い人を思い浮かべてみてください。

その人たちはテキパキ動いて、行動自体も速いのですが、彼ら、彼女らは「行動を起こす」のが早いのです。

つまり「スピード」も速いのですが、なにより「スタート」が早いのです。頭の中が整理されていて、「どうしよう」と迷っている時間が少ないため、行動を起こすのが早いのです。すると、精神的にも、物理的にも余裕が生まれます。

仕事が遅いといわれている人たちは、頭の中が混乱しているため、あれこれ考えているうちにスタートするのが遅くなり、その結果、精神的にも、物理的にも追い詰められていってしまうのです。

日記を書くことは、頭の中を整理し、行動力を高めてくれます。そして、人生に余裕もつくってくれるのです。

人生の〝迷子〟にならないための日記

人が迷子になるケースというのは三つあります。

①自分の居場所がわからない
②行き先がわからない
③自分の居場所も行き先もわかっているけど、行き方がわからない

迷子になると不安です。そして不安なままあちこちを行ったり来たりし続けてしまいます。泣きながら過ごします。周囲の人も心配させます。

迷子は時間やエネルギーを浪費させるのです。そして、今の時代、多くの人が

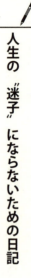

日記で明確にすべきこと

①「自分はどんな人間か」

②「自分は何をやりたいか」

③「やりたいことをどう実現するか」

「人生の迷子」になっています。

人生の迷子から抜け出すためには、

①「自分はどんな人間か」を理解する

②「自分は何をやりたいか」を明確にする

③「やりたいことをどう実現するか」を計画する

これらを早急に行なわなければいけません。

そのためにも、日記を書くことで、①「自分を知る」、②「自分の夢や目標を明らかにする」、③「どうやって自分の夢や目標を実現、達成するかを考える」のです。

1週間の「日記合宿」でみな気づくこと

日記を書いていると、ふと、

「自分の人生は、すべて自分で選んできたものだったんだ」

「あのとき苦しかったのも自分の問題だったんだ」

「自分の思い込み、妄想、錯覚が悪い結果を生み出してきたんだ」

「結局、自分は子どものときからずっと同じパターンを繰り返してきたんだ」

「じつは、自分はずっと周囲の人に心配をさせ、迷惑をかけていたんだ。でも愛されていたんだ」


……といった気づきにたくさん遭遇します。

「すべては自責だったんだ」

そういう深い気づきをした人の人生はその後、重い鎖から解き放たれたかのように、楽になります。

自分を縛っていた、苦しめていたものの正体がわかり、目が覚めるのです。心が晴れていくのです。

私は、日記のおもしろさに気づき、「もっと深いところまで自分を知りたい」という人たちに、1週間かけて小さい頃からの自分の人生を細かく書き出し、自分と向き合う〝日記合宿〟を実践してもらうことがあります。

そこで私は、何か特別な指導をすることはありません。基本的にはただ1週間、黙々と日記を書いてもらうのです。

すると、多くの人が、先述のような気づきを得て、「自分の未来は、自分で創造できるのだ」と強い自信を持ち、明るい表情で帰っていかれます。

このように**日記の効果は、無限大**なのです。

第3章

どう日記に書くか？

——たった「五つのこと」だけ書けばいい

書くことを極限まで減らしたシンプルな日記

ここから、私の日記メソッドの具体的な書き方について説明していきます。

私の日記の理想は、3分ほどの時間を使って書く「3分間日記」ですが、はじめは1分からスタートしましょう。まずは**「1分間日記」で十分**です。

大きな効果を上げるこの日記ですが、書き方はいたってシンプルです。

書くことはたったの五つだけなのです。その五つとは、

「夢・目標」

「やりたいこと」

「今日の出来事」

「今日の感謝」

「今日の成功法則・学びの言葉」

●月●日

①夢・目標（長期・短期）

②やりたいこと

③今日の出来事

④今日の感謝

⑤今日の成功法則・学びの言葉

の五つです。たったのこれだけです。
これを書き続けていると、自分への理解が深まり、人生が好転していくのです。

どんなノートでもいい

この日記を何に書くかですが、私は、手書きで書き出せるものならなんでもいいと思っていました。しかし、「**私はちょっと高級なノートを使っています。**厳粛な気持ちになって書けるのがとてもいいです」「**私は胸ポケットに入るコンパクトなサイズのメモ帳に書いています。**いつでもどこでも書けるのがいいです」「**パソコンで日記のフォーマットをつくり、それをプリントアウトしたものに書き連ねています。**フォーマットがあるので書きやすいし、持ち運びに便利です」など、実践者の人たちから教わりました。

自分が「楽しい」「ワクワクしながらできる」というようなノートやメモ帳、手帳を使い、色使いにも工夫したりしながら書いてみるのがよいでしょう。スマ

私の日記

朝と夜に１分〜３分くらいで記入します。

No.
Date

6月30日

①夢・目標
海外で仕事をする。
ビジネス英語を身につける

②やりたいこと
リーデルのグラスセミナーを受ける
機能的に動く身体がほしい
静かなところでゆっくり休みたい

③今日のできごと
実家に帰り、母と会う。
子ども達と空き家探しのサイクリングをして楽しかった。

④今日の感謝
両親のおかげで今がある。ありがたい。

⑤今日の成功法則
心構えとは心の構え。積極的にしてから物事に取り組もう。

ホのメモ機能やアプリではなく、できればやはり手を使って書いたほうが、「日記力」「日記効果」は断然、高まります。

まずは朝1分、夜1分から

五つの項目の書き方をこれから紹介していきますが、朝と夜、2回に分けて書くのがこの日記のコツです。始業前と就寝前などでもかまいません。

毎朝、書くのが「夢・目標」「やりたいこと」の二つです。そして、**夜に書くのが「今日の出来事」「今日の感謝」「今日の成功法則・学びの言葉」の三つ**です。

繰り返しますが、はじめは、1分くらいで書ける分量でかまいません。慣れてきたら、少しずつ時間を延ばしていくと、より効果は高まります。

夢や目標は毎日書く、毎日確認する

朝と夜にこれを書く

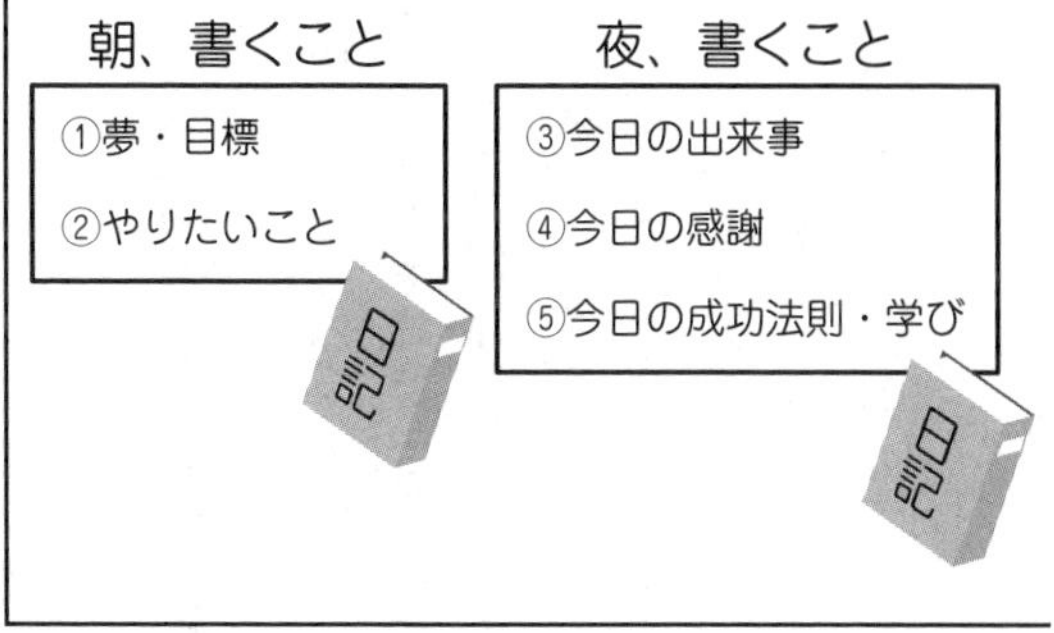

夢や目標は毎日、日記の一番はじめに書きます。

日記というとほとんどの人が「今日は○○があった」と出来事の記録しかしませんが、この日記は違います。**「未来の夢や目標」を毎日書く**のです。

ちょっと、考えてみてください。

前にも述べましたが、「自分はこうなりたいな」と1年に一度しか思わない人と、1カ月に一度思う人では当然、1カ月に一度思う人のほうが早く「なりたい自分」に近づきます。さらに、1カ月に一度しか思わない人と、1週間に一度思う人とではどちらが早いかといえば、1

週間に一度思う人です。では、もっともっと早いのは？　**「毎日思う人」**です。

できるだけ具体的に！　明確に！

夢・目標の書き方は、なるべく具体的にはっきりと書くことが大切です。

たとえば、収入を増やしたいのであれば、「大金持ちになりたい」ではなく、「年収1000万円になる」などのように具体的に書くことが大切です。

そういう夢や目標が、自分の感性（心の底）から湧き出たものであるならば、その実現、達成に向けて、人生が変わりはじめます。

たとえば、あなたが営業マンだったとして、夢や目標が具体的であればあるほど、成績を上げるための知恵や工夫が湧き出てくるでしょう。人の助けも得られるでしょう。あるいは転職したり、独立・起業したりすることになるかもしれません。

私が主催するセミナーなどで出会った人の中には、「世界の恵まれない子ども

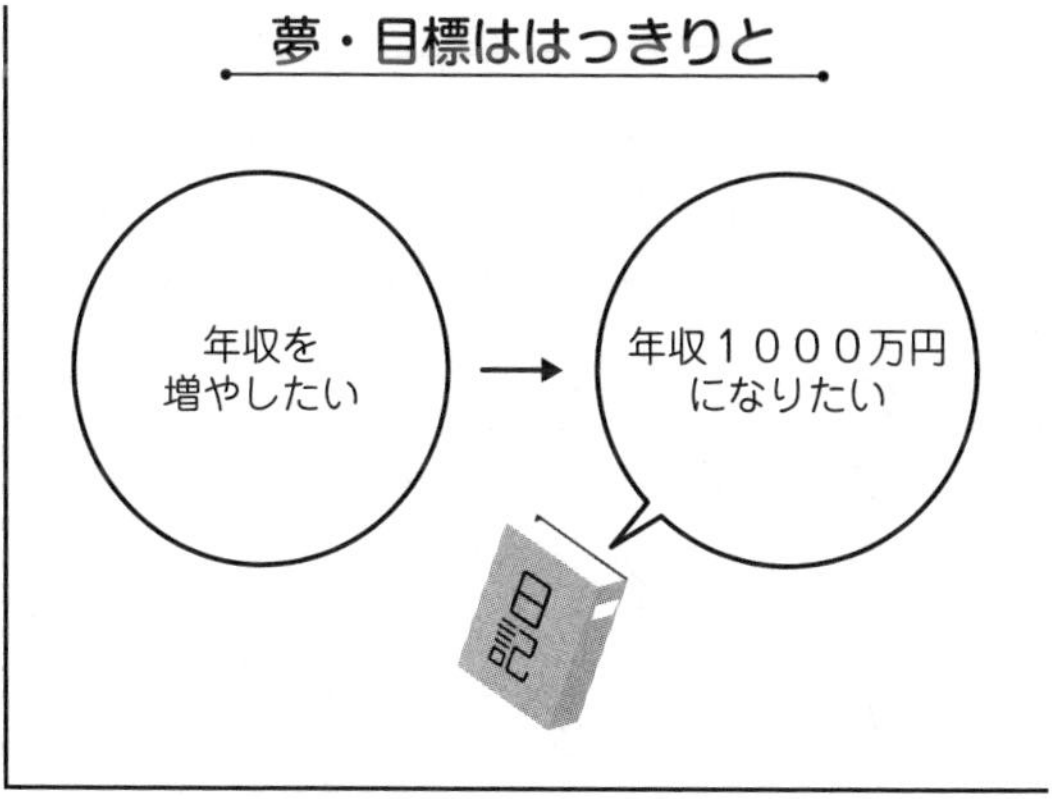

たちのための活動をする」「社会的に弱い人たちを助けられるような自分になる」などといったことを目標として掲げる人も多くいます。

それは立派だし、とても素晴らしいことです。でも、これを日記の冒頭に書くことは、あまりおすすめできません。

なぜなら、目標が漠然としているため、「目標に向かって何をしたらいいのかわからない」「日々、目標に近づいていっている感覚を味わえない」からです。

夢や目標が具体的でないと、具体的な行動も起こせないのです。

たとえば、「もっと積極的な自分にな

る」という目標設定をしたけれど、なかなか実際にそういう人間になれないという相談をしてくる人がいます。

そういう人たちに、私はこう訊きます。「あなたのいう積極的というのは、たとえばどんな人ですか？　挙げてみてください」と。

すると、「行動がテキパキしている人」「大きな声で挨拶する人」「何かのプロジェクトに自ら立候補する人」「周囲の人に自分から話しかける人」などいろいろな答えが返ってきます。

それを日記に書くのです。「毎朝、職場で一番大きな声で挨拶をする人になる」のように、自分のイメージをなるべく具体的に明確に書いたほうが、その目標達成に近づいていけることでしょう。

夢や目標は日々変わっても問題なし

夢や目標というのは、途中で変わっていくものです。それでいいのです。

「夢は絶対に変えるな」「最後まで目標を信じ続けろ」という考え方を説く人も多いのですが、私はまったくそう思いません。

まれに、「自分の本当にやるべき使命」のようなことにあらかじめ気づいていて、一寸たりともぶれることなく猛進する人がいます。

でもこのような人は、たとえばボクシングでいえば世界チャンピオンになるようなレベルの人たちです。

多くの人たちは、はじめは「自分は何者なのかわからない」「自分が本当にやりたいことが何かわかっていない」という人たちなのです。

そういう人たちは、自分と向き合う作業、自分を見つめる作業をあまりしたことがないため、「どこかの誰かに聞いたこと」を夢や目標にしてしまっている人も多いのです。

多くの人が「他人からの借り物の夢や目標」を追いかけようとしているのです。

私は、今までに、

「1年のうち半分くらいは海外で暮らす経営者になりたい」

「美人秘書を雇って六本木ヒルズにオフィスをかまえたい」

「不労所得を得て、悠々自適に暮らしたい」

「30歳までにセミリタイアして、好きなことだけして生きていきたい」

といった夢や目標を何十人もの人から聞きました。

これらが絶対にダメだとはいいません。でも、ほとんどの場合は、どこかのテレビで見たり、本で読んだり、セミナーで聞いたようなことに影響を受け、「自分が心の底からやりたいと思っているのではない」ことに執着しているのです。

毎日、夢や目標を日記に書くというのは、自分の中のモチベーションを高める作業をしているだけでなく、自分の本当の「want」——夢や目標は何かということを自分に問いかけ、気づいていく作業をしているのです。

「これだ！」という本当の夢や目標がすぐに見つかるかはわかりません。1カ月で見つかる人もいるでしょうし、1年かかる人もいるでしょう。でも、真剣に自分と向き合わないかぎり、一生見つかることはないでしょう。

はじめのうちは毎日のように夢や目標が変わるかもしれません。

でも、そのときに「自分はぶれている」「自分は意志が弱い」「自分は継続性がない」などと思う必要はまったくありません。

それでいいのです。むしろ、それがいいのです。

自分の本当の夢や目標に近づいていこうとしているからです。

本当の夢や目標とは心の底からワクワクすることです。

自分の深い深いところから湧き出た夢や目標に出会うまでは、日々変化してかまいません。

そして、それを見つけたとき、あなたはその実現、その達成に向かって猛進しはじめるでしょう。

この大事なことに気づくかどうか？

たとえば、「年収3000万円になりたい」という目標を掲げたとします。

それを毎日毎日、目標の欄に書き続けていると、「どうすれば年収3000万円になれるのか？」「でも、なんで３０００万円が欲しいのだろう？」「そもそも本当に私は３０００万円欲しいのだろうか？」などと感じ続け、考え続けることになります。

そうしているうちに、あるとき突然、「自分が本当に欲しいもの」がはっきり見えてきます。

「そうか、自分が３０００万円欲しかったのは、家族の幸せのためだ。そのための３０００万円だったのだ」といったように。

もちろん、その「家族の幸せ」の内容はそれぞれです。家族のみんなが安心して楽しく暮らせる家を建てるための年収３０００万円かもしれませんし、みんなで豪華な旅行をするための年収３０００万円かもしれません。

私の例をお話ししましょう。

私は銀行を退職し、独立したころは自分の会社を大きくすることばかり考えていました。「年商１００億円にしよう」などと考え、この目標は社員にも浸透させていました。

しかし、これを日記に書き続けていくうちに「自分が本当にやりたかったのはこれなのだろうか？」という疑問が湧いてきたのです。

「100億円」という具体的な数字の目標があることは、決して悪いことではありません。でも100億円にこだわりすぎるあまり、なんだか社内がゆがんだ状態になってはいないだろうか、社員同士がギスギスしていないだろうか、これが自分の求めていた会社のあり方だろうか、本当はなごやかで、みんなが働きがいのある会社をつくりたかったのではなかったのか……と感じるようになりました。

そして、100億円企業を目指そうというのは「自分が並大抵の男ではないということを見せつけたい」「世の中に何かインパクトを与えて目立ちたい」など他人にどう思われるかであって、自分が本当に目指していたのは、「規模は小さくともオンリーワンと評価される会社をつくる」ということだったと気づいたのです。

そして、そのためには「大きな組織をつくって身動きがとりづらくなることは逆に自らの首をしめることになる」と気づいたのです。

そして、「年商100億円」という目標はきっぱりとやめました。経営者によっては規模の拡大こそが成功であり幸せであるケースもあると思いますが、自分にとっての成功、自分にとっての幸せがそうではないことをはっきり悟ったのです。

「やりたいこと」はすぐにメモ

さて、夢や目標を書いたら、次の項目、

「やりたいこと」

を書き出してみましょう。

「夢・目標」よりもっと短期的な「want」です。

ここで大事なことは**「できるかどうか」ではありません。「自分が今、やりたいと思うこと」**を素直に、**シンプルに書く**のです。

おもしろいことに、**行動力のある人というのは、この「やりたいこと」が次々**

「やりたいこと」を素直に書く

と出てきます。

あっという間に100個以上、書けてしまう人もいます。

反対に、三つ、四つすら「やりたいこと」が書けない人もいます。

私の指導先の企業でメンタルのバランスを崩してしまった社員の中には、「やりたいこと」が一つも書けない人たちがいました。

本来は、たくさん持っていたであろうに、職場や家庭でさまざまな問題を抱え、メンタルの調子を崩し、自分が「これをやりたい」と思うことすらできなくなってしまった人たちでした。

「やりたいこと」がなかなか出てこない人は、心の底にある「感性」をフタで閉じてしまっています。

無理に100個「やりたいこと」を出す必要はありませんが、ちょっとしたことでも、**ふと「こんなことをやれたらいいな」と思ったら、それをすぐに、正直に書き出してみる**のです。

「もっと寝たい」でもいいのです。なんでもいいから「I want」を書き出しましょう。「should（〜すべきこと）」や「must（〜しなければならないこと）」ではありません。「want」です。

最初は1個しか書けなくても、そのうち5個書けるようになり、10個書けるようになります。そして、いずれは100個、いやもっともっと書けるようになるでしょう。「I want」を書き続けていると、どんどん感性が磨かれはじめるからです。

ですから、「やりたいこと」が浮かんだら、すぐにノートや手帳、メモ帳を開いてとにかく書き出すことを実践しましょう。

「やりたいこと」の7割は今すぐできる

「やりたいこと」を書くときは、

「これは正しいだろうか」

「こんなことを思っていいのだろうか」

「自分にできるだろうか」

「他人にどう思われるだろうか」

という余計なことは一切考える必要はありません。

自分の心の欲求を、素直に聞き、書き出すことが大切だからです。

たとえば、「テレビで紹介されていたパンケーキ屋さんに行ってみたい！」「話題のあの映画を観たい！」「渋谷で思う存分ショッピングしたい！」……こんなレベルでいいのです。

こんなものでも、積もり積もって増えていくと、「ああ、自分はこんなにやってみたいと思っていることがあるのだな」と気づくはずです。

そして、あらためて「やりたいことリスト」を見ると、**じつに多くのことが「すぐできること」だとわかります。5〜7割くらいはすぐにできてしまうこと**です。

この「三つのサイクル」をどんどん回せ

「やりたいこと」を書き出してみたら、できるだけ早く「実際にやってみる」のです。
やれることからやってみるのです。
これは大変重要な作業です。
①「やりたいことがあるので」→②「書いてみると」→③「実際にできた」という**サイクルを習慣づけるのです。**
この習慣が身につきはじめると、あなたの脳はこう判断することでしょう。

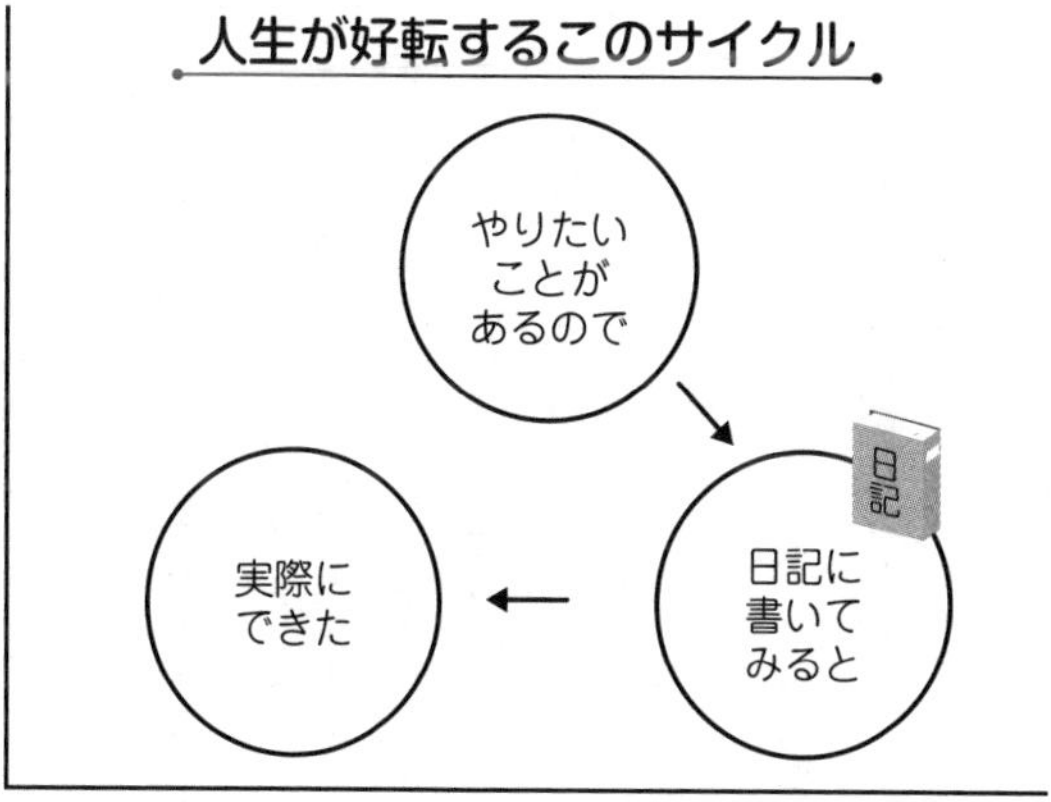
人生が好転するこのサイクル
やりたいことがあるので
日記に書いてみると
日記
実際にできた

「やりたいことを紙に書けば、必ず実現するんだ！」

と。

こう思えるようになれば、しめたものです。

心がワクワクします。

日々がもっと充実します。

人生が輝きはじめます。

この「やりたいことを紙に書く」→「実現した」という小さなサイクルを、何度も回転させる経験が、あなたに大きな自信を与えていきます。

そして「夢や目標を紙に書く」→「夢や目標を実現、達成する」という大きなサイクルを回す推進力となっていくのです。

最終目標は「want to be」

多くの人の目標達成のサポートをしてきた私が思うに、人が最終的に目指すところはみんな同じような気がします。

それは、**「どんな心の状態になりたいか」**ということです。

はじめは「あれが欲しい」という「want to have」の目標が多いのが普通です。

その次に、「○○したい、○○をやってみたい」という「want to do」の目標ができます。

そして、その目標を達成するために日々、邁進《まいしん》する中で、しだいに**「じつは自分はこんな心の状態になりたい」という「want to be」を求めている**ということに気づくはずです。

先ほどの例でいえば、年収3000万円になりたいのは、「大きな安心感を得たいからだ」「家族の愛情に満たされたいからだ」ということこそ自分が追い求めていたことだと気づくのです。

ですから、そこに気づくまでの「欲しいもの」や「やりたいこと」の目標はどんどん修正してもかまいません。「want to have」や「want to do」の目標は、最終的な目標に近づくための単なる手段なのですから。

「出来事」＋「そのときの感情」も書く

3番目の項目である**「今日の出来事」**は一日の終わりに書きます。

「今日の出来事」といっても、この日記では、単に起きたことだけを記録するわけではありません。同時に**「感情の記録」**を行なうことが、重要な作業となります。**「何があったか」だけではなく、「どう感じたのか」を日記に書いておくのです。**

人は往々にして、自分に嘘をつきます。他人に見せないことを前提とした日記ですら、自分の気持ちを偽ったり、いい人を演じようとしたりするものです。

しかし、この日記では、限りなく正直に、赤裸々に、ありのままの感情の記録をしてください。

・あの人に会って嫌な気分になった
・あの人のものの言い方に腹が立った
・この本を読んで感動した
・友人から食事に誘われて嬉しかった

……など、**「自分のそのときの喜怒哀楽を記録」**しておきましょう。

そして、マイナスの感情は、書いたら忘れることです。

私も書いたら忘れることにしています。マイナスの感情は、忘れないといつまでも心に引っかかってしまうからです。

注意しないといけないことは、**「マイナスの感情を抱えたままで日記帳を閉じ**

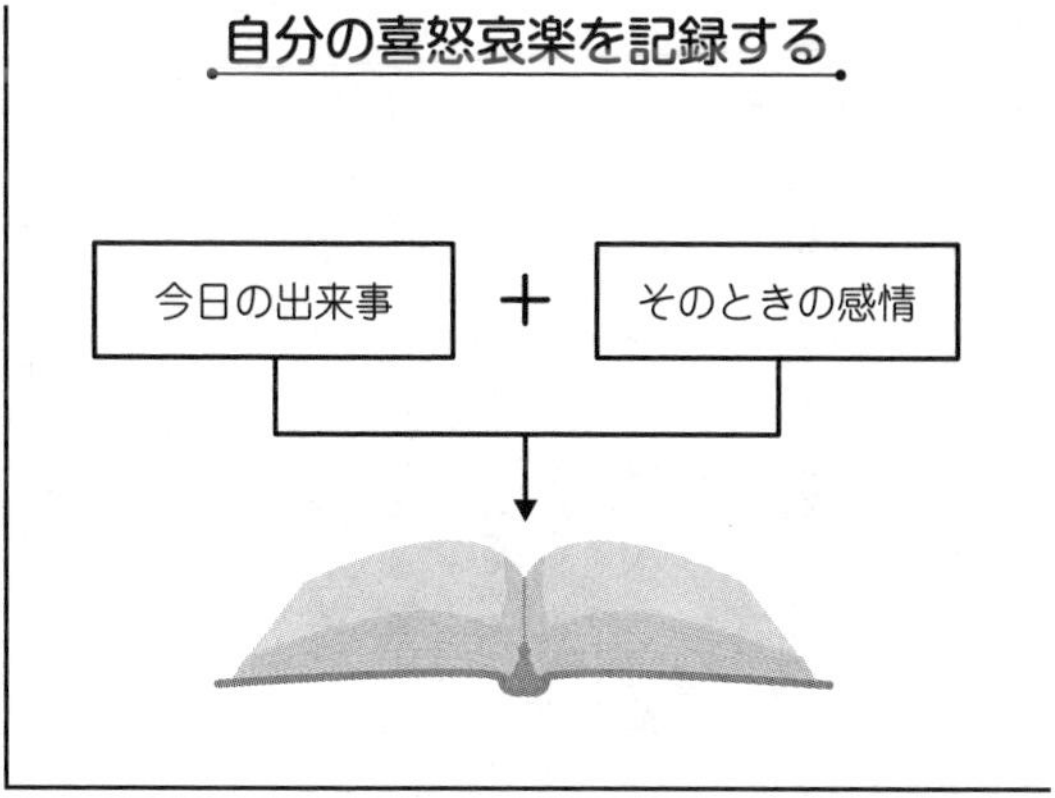

ない」ということです。

　マイナスの感情に対して正直になり、その感情を味わうことはとても大切なことです。

　でも、怒りやグチで日記が埋まってしまい、いつまでも心の中にわだかまってしまっては、せっかくの日記が「恨《うら》み日記」になってしまいます。

　思い切りその感情を味わったあとは、「感情に共感→自分を肯定」と、プラスで締めてください。

　たとえば、

「上司から理不尽な要求をされて悔しかった」→「でも要求レベルの高い人が

いてくれるから自分は鍛えられるのだ」

このように、プラスに塗り替えて一日を終了させてください。

その塗り替えができていないと、寝ている間も「不快感情」があなたの脳を占領します。

逆に、マイナスの感情をプラスに塗り替えておくと、脳は寝ている間もあなたの思考を前向きする手伝いをしてくれるのです。

一日8時間寝ているとすると、一日の3分の1は寝ていることになります。ということは一生の3分の1は寝ているのです。

だから、寝る前にマイナス感情の塗り替えをしておくことが重要です。

「ほめられ記録」の驚きの効果

自らのモチベーションを上げるためにはさまざまなノウハウがありますが、簡単で誰でもできる方法をお伝えしましょう。

それは、**「人からほめられたことを書く」**というシンプルな方法です。

「お客さんから、説明がわかりやすくていい、といわれた」
「上司から、君の働きぶりは素晴らしい、といわれた」
「部下から、アドバイスがわかりやすい、といわれた」
「同僚から、ちょっとスリムになったんじゃない？　といわれた」
「気になるあの人から、笑顔が素敵だね、といわれた」

……など。

大きなことでも小さなことでも、ほめられたことを書くのです。

私が「ほめられたことを日記に書こう」と人にアドバイスをするようになったのは、次のような出来事があったからでした。

親子を集めた「習慣教育」のセミナーを主催したときです。「お父さんとお母さんは、子どもをほめるのと、叱るのと、割合はどのくらいですか？」という質問に対して、ほとんどの親は「半々くらい」といいます。

次に子どもに「君はお父さん、お母さんからほめられるのと、叱られるのと、割合はどのくらいですか？」と質問をしてみたら、半分の子どもは「9対1で怒られるほうが多い」というのです。

これは、ちょっと笑えますが衝撃的な結果でもありました。

そのセミナーに参加した親の中には、私がよく知っている方もいました。とても「9対1」で子どもをいつも怒っているような方ではありません。

子どもというのは「怒られたことばかりに焦点を当てて、ほめられたことにはあまり焦点が行かないのだ」とわかりました。

じつは、これは親子の関係だけではありません。

部下というのは、上司からほめられたことは忘れがちで、怒られたことばかりに気が向いてしまうのです。お客様からほめられたことは忘れがちで、クレームをいわれたことばかりが記憶に残っているのです。

ですから、「ほめられたことを忘れないように記録しよう」とアドバイスしはじめたのです。そして、私自身も、人からほめられると図々しく日記に書くようにしました。すると気分はよくなるし、「またほめられるように、いいことしよう」という気になるものです。

「他人からほめられたことを書く」だけで、間違いなく人は変わっていきます。マインドも、行動も、人生も前向きになります。

これを書かない手はないのです。

日記を「感謝」で埋め尽くそう

どんな人でも、一日の生活の中で、感謝する瞬間があるはずです。

なかには気持ちがすさみ、「そんな感謝することなんてないよ」という人もいるかもしれません。

実際にそういう人たちに、私は数えきれないくらい出会ってきました。親を恨み、学校を恨み、会社を恨み、社会を恨み、そんな生き方をしてきた人たちです。

「感謝する」ということは、できる人にとっては当たり前のことなのですが、できない人にとってはとても難しいことなのです。

そんな人たちに対して、「それでもいいから感謝できることを1個でもいいから思い浮かべてみましょう。書き出してみましょう」といいます。

「電車の席を詰めてくれたので、座ることができた」
「上司に食事をご馳走してもらった」
「仕事を手伝ってくれた人がいた」
「給料が今月も無事に振り込まれていた」

……というレベルでいいのです。

なんでもいいから「感謝できることに焦点を合わせる」ことが大切です。

「今日の感謝」を毎日、日記に書き続けると、「感謝に気づく力」が身についていきます。

誰でも生きているかぎり、毎日感謝することが山ほどあるのですが、感謝のレーダーがさびついてしまっていて気づかない人も多くいます。

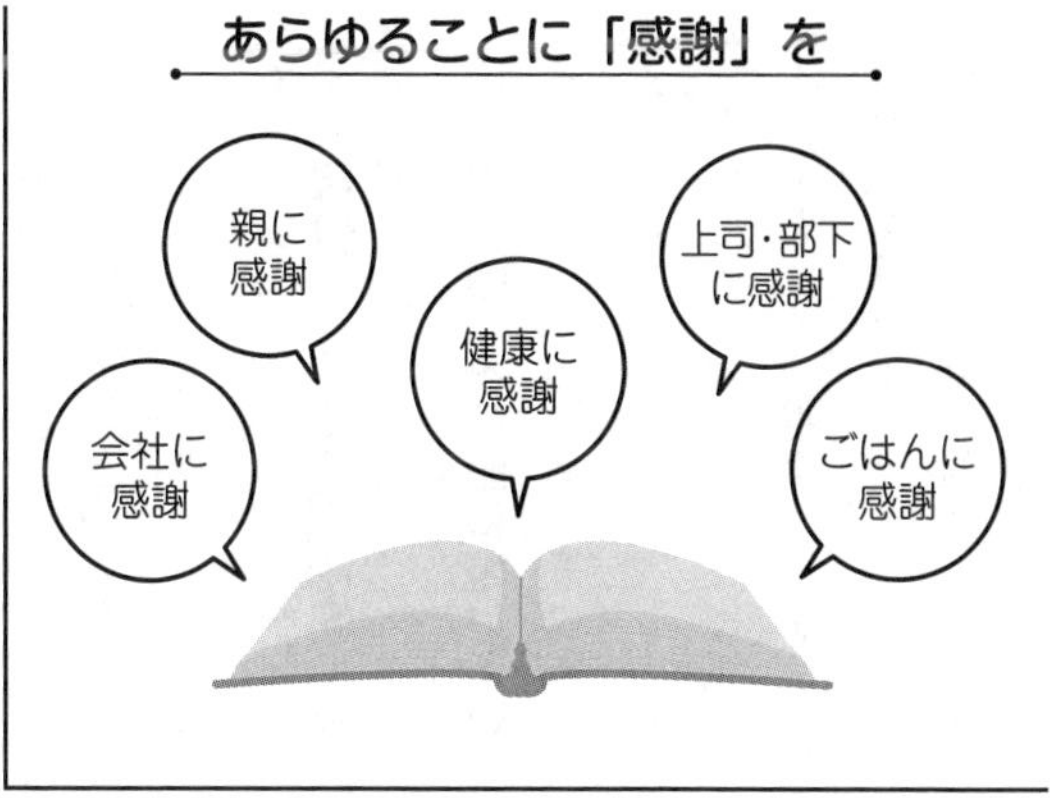

しかし、「今日の感謝」を日記に書き続けていくと、自分の周りには驚くほど多くの感謝することであふれているのに気づいていきます。

「会社に感謝」「上司に感謝」「同僚に感謝」「部下に感謝」「取引先に感謝」「お客様に感謝」「ごはんを食べられることに感謝」「健康でいられることに感謝」など、あらゆることに感謝できるのです。

感謝できないときというのは、不満や怒り、哀しみ、恨みなどマイナスの思いで頭の中がいっぱいです。それをたくさん抱えているかぎり、仮にビジネスで成功できたとしても、心安らかになることはできません。

幸福をつかむ人は、例外なく感謝する名人なのです。ぜひ日々を感謝で埋め尽くしましょう。

自分の「感謝の傾向」がわかると――

「今日の感謝」を日記に書いていると、自分自身の「感謝の傾向」がはっきりしてきます。

たとえば、「妻や子ども、親には感謝しているけど、上司や会社への感謝が少ないな」というようなことに気づくはずです。

それをもとに、**感謝のしかたを改善できれば、ますます多くのものが手に入るようになります。**

たとえば、お金に対する感謝を増やせば、もっとお金が近づいてきます。経営者が社員に対する感謝をもっと増やせば、さらに素晴らしい社員に恵まれることになります。

あなたが今の会社に対して少しも感謝していないとしましょう。

もしかしたら、あなたにとってその会社は価値がないものなのかもしれません。あるいは、あなたの頑張りがまだ足りなくて、会社からの評価が低いため、あなたに感謝の気持ちが生まれないのかもしれません。

あるいは、あなたが組織で働くということに価値を見いだせないタイプだという可能性もあります。

「今日の感謝」を書くと、そういうことにも気づくのです。

ただし、転職や独立をするにも、会社に多少は感謝することができるくらい頑張ってからのほうがいいでしょう。

今の環境に「少しも」感謝できないような人は、環境を変えても同じような状況に陥ることが多いのです。

「自分の感じ方、考え方、行動にも問題があった」ということに気づかないと、環境を変えても同じことを繰り返してしまうのです。

日記は、自分の人生の「攻略本」になる

ゲームの新作ソフトが発売されると、決まってそのゲームの攻略本も発売されます。攻略本とは、そのゲームをするうえでの有利な情報や、隠れた裏技が書かれている本です。

「プレーヤーが強くなるアイテムはここに隠されている」「○○という敵は、じつは倒さないほうがその後の展開が楽になる」……など、知っていれば有利になり、クリアするのが楽になる情報がたくさん書かれています。

もし、人生という壮大なゲームにも攻略本があったらどうでしょう。ぜひとも手に入れたいものです。

書店に行けば、「人生の攻略本」ともいうべき自己啓発書、成功哲学本がたくさん置かれています。でも、これらは不特定多数の読者に対して一般化された人生のヒント、成功のヒントを提示しているにすぎません。

また成功本であっても、「もうすでに成功している人が書いた内容」と「成功途中の人が書いた内容」では違います。

そして、読者のほとんどは「これから成功したいと考えている人」であり、そういう人にとっては、「もうすでに成功した人が書いた本」は、有益どころか無益、あるいはマイナスになってしまう危険性もあります。

書店に並べられている自己啓発書、成功哲学本は、あなたのためだけに書き下ろされたものではないのです。

だったら、**日記を書いて、自分で、自分の人生の攻略本をつくりましょう。**

それが、日記の5番目の項目にあなたが書くべき**「今日の成功法則・学びの言葉」**なのです。

この項目には、その日にあなたが発見したり、考えついたりした「あなた独自の成功法則」を記録しておきます。

「成功法則」といっても難しく考える必要はありません。

単純なこと、一見バカバカしいと思えることでかまわないので、**自分なりの**

「いい結果を出した方法」「モチベーションが上がった方法」などについて、自分なりの法則として書き出してみるのです。

一例として以前、私が指導した企業の社員とその子どもが書いた「自分だけの成功法則」をご紹介します。

「こんなものが成功法則？」と思われるものがありますが、いいのです。人の人生はそれぞれだし、成功法もそれぞれなのですから。

【ある社会人の成功法則】

・自分は柿を食べると元気が出る
・朝食を抜いたら頭がスッキリして疲れが抜けた
・やるべきことを全部書き出してからやったら時間短縮になった
・朝、二度寝をせずにすぐ起きるとその日はスケジュールどおりに進む
・優先順位も考えずに、手に触れた書類から仕事を片づけると能率がいい
・鏡に向かってニッコリすると気持ちがいい

・悲しいときは中島みゆきの音楽を聴くと落ち着く
・正座すると集中できる
・髪をあげて出社すると溌剌颯爽《はつらつさっそう》と仕事ができる
・5本指ソックスをはくと気持ちがいい

【ある子どもの成功法則】
・塾に行く前にチョコレートを食べると集中力がアップする
・学校の掃除をさぼらないで一生懸命やると、塾でやる気が出る
・勉強のとき、足を床につけると集中力が2倍になる
・先生から宿題を出されたときに「えー」「できない」といわないようにする
・英単語の勉強では、一つの単語を必ず7回ずつ書いて声にも出すとテストで100点が取れる
・毎月15日の給料日にお母さんにお願いごとをすると聞いてくれる
・夫婦げんかがはじまったら自分の部屋に避難するとよい

いかがでしょうか?

なかにはジンクスのようなものもありますが、それでも一向にかまわないのです。他人にはまったく当てはまらなくても、自分だけの「成功法則」なのですからそれでいいのです。

これを一日一つ、1年間書き出してみると、たとえば私の場合であれば『今村暁の成功法則365』という自分だけの人生攻略本が一冊できあがることになります。

しかも、これらの法則は効果実証済みのものばかりです。まさに、世界でたった一冊の、自分用にオーダーメイドされた、「あなただけの人生攻略本」の完成です。

「どうも今日は意欲が湧かないな」というときには、日記のこの欄をパラパラと読み返してみてください。きっと何か打開策が目に留まることでしょう。

そして、その法則に従って、髪をあげておでこを出してみたり、5本指ソックスをはいてみたりしてください。これは本当に楽しい作業ですので、みなさんもぜひ今日からはじめてみてください。

成功法則が見つからない場合には「学びの言葉」を書いておきましょう。

あなたがその日、誰かと交わした会話の中から、気になった言葉や、感動した一言などを記録するのです。

あなたの周りには、

「素晴らしい真理を伝えてくれる言葉」

「癒しをくれる言葉」

「行動をうながしてくれる言葉」

……などがあふれているはずです。

これを見逃してはなりません。

会話にかぎらず、たまたま読んだ本や雑誌の文章、テレビの出演者の発言、あるいは電車の中で耳にした見ず知らずの人たちのおしゃべりからも「学びの言葉」は発見することができるはずです。

これを続けていけば、「あなたの人生に効く名言集」ができあがります。

その中には、きっと**あなたを一生支えてくれる言葉**があるに違いありません。

私の日記に書いてある、こんな名言

私は以前、ＧＭＯインターネット株式会社の熊谷正寿社長とお会いしましたが、熊谷社長が、

「礼儀正しさは最大の攻撃力なり」


という話をしてくださいました。

この言葉は私の心に響き、すぐにメモしました。

そしてさらに月日が流れ、ある日、ＧＭＯの本社を訪ねたとき、近くにいた若手社員に、「熊谷社長は社内ではどんな方なんですか？」と訊いてみました。

すると、その若手社員から返ってきた言葉に驚きました。

「今、うちの会社は社員が８００人いるんですけど、社長が一番謙虚なんです

よ」

驚きました。

ＩＴの世界で急成長し続けている会社で、時の人でもあった熊谷社長は自分のところの社員からこのように思われていたのです。

私は、「攻撃は得意だけど、守備が苦手」で多くの失敗もしてきた人間です。

ですから、その日のうちに「今日の成功法則」の欄に、

「礼儀正しさは最大の攻撃力なり。謙虚さは最大の防御力なり」

と、書き加えました。

今では私の一番のお気に入りの金言となっています。

私はまだまだ謙虚さが足りず、失敗も多い日々ですが、きっと一生大切にする言葉になることでしょう。

第4章

いかに成功するか？

——こんなことも日記に書き出してみよう

「成功」＝「幸せ」ではない

ここまで日記の書き方をお話ししてきましたが、それに関連して人生を変えていくにはいくつかの要素があるのでご紹介しておきます。これらの要素は、日記を書く際に参考にしてもらうと、効果が断然アップするので、ぜひ心に留めてください。

私は、今までに、多くの成功者と出会ってきました。業績がよく、新聞や雑誌に「時の人」として取り上げられている経営者もたくさん見てきました。芸能人やスポーツ選手で旬の人もたくさん見てきました。

そのうえで思うことは、**「成功と幸せは違う」**ということです。

世の中で有名になり、財産を得ても、地位を得ても、幸せを感じられずに、苦しんでいる人をたくさん見てきました。

「成功」と「幸せ」は違うのです。

大成功者として有名だった人が、晩年、孤独でさみしい死を迎えたなんていうニュースはよくあることです。

成功しても、心身ともに疲れ果ててしまっているような経営者にもたくさんお目にかかってきました。だからこそ思うのです。

「成功と幸せはどちらか一つしか手に入らないようなものではなく、両方を手に入れられるようにしたいものだ」

と。

夢は考えるものではなく、感じるもの

私の考える「夢」というのは、「I want」であり、「感性」から出てくるもの。線でなく点で感じるものです。

誰かに「自分の夢は何かを考えよう」などといわれ、寝ずに苦労して考え出し

たものなんて、理性でひねり出したものにすぎません。

感性から湧いて出る「I want」なら、ポンッと出るはずです。好きな食べ物や、好きな人のことなら、考えもしないでポンッと出るものです。

なのに、「夢」というと、頭の中でグリグリこねくり回して「もっと大きな夢を持たないと……」なんて考えてしまうのです。

夢は考えるものではありません。

感じるものです。

夢を理性で考えたら、ワクワクできません。理性で考えるのは夢そのものではなく、夢を実現するための「方法」や「計画」です。

私は、

「夢は見るだけでいい」

「そのときワクワクできることがあればそれで十分」

「やりたいことはどんどん変わっていい」

と思っています。

それは、仕事がら、たくさんの無気力な人や、たくさんの不登校児などにかかわってきたから、確信として持っています。

ワクワクできることがある。

それが人生では何より大事なのです。

ずっと変わらない夢にワクワクしていることができるのは素敵な人生です。

ずっと変わらぬ夢にワクワクし続けた人は、きっと夢をかなえることでしょう。とても素晴らしいことです。

でも、**夢ややりたいことがコロコロ変わり、常に新しいことにワクワクしているのも最高の人生だ**と思います。

それでいいじゃないですか。「夢が変わってしまった自分」を否定する必要なんてないのです。前章で述べたように、**だから、日記に「毎日」夢を書き出すのです。**

夢が変わっていく中で、きっといつか「自分が本当にやりたいこと」に気づいていくことでしょう。

どれだけたくさんワクワクできるか？

あるとき、小学6年生の菜々ちゃんという子が、**「夢はバッタになること」**といいました。

その場にいた大人たちはそれを聞いて、ゲラゲラ笑いました。私も思わず笑みをこぼしましたが、でも、こんなふうに思いました。

「夢というのは、そのときにやってみたいこと、願うことそのものではないか」

「夢というのは、その瞬間にワクワクできることではないか」

と。

菜々ちゃんは、バッタになってみたかったのです。

心の底からの「I want」でそう思ったのです。

大人はいつからか現実世界にどっぷりと浸かってしまい、「I want」で感じたことを否定してしまったり、そもそも「I want」で感じることができなくなってしまったりするのではないでしょうか。

私は、会社のスタッフにはいつも「人の夢を否定するな。応援しろ」といっています。非現実的な子どもの夢をバカにするより、夢（I want）を感じられなくなってしまったことこそが、恥ずかしいと思わなければいけないのです。

その後、菜々ちゃんは、『ホームレス中学生』という本を読み、「ホームレスになってみたい」ともいったようです。

彼女のお母様が、また素晴らしい人で「ああ、よかった。やっと夢が人間になりましたよ！」と笑っていました。

その後、菜々ちゃんは、中学受験に合格し、生き生きしながら勉強し、部活でも活躍しています。

夢は変わっていきます。

だから、一つの夢に縛られる必要はありません。

たくさんの夢を持つことに臆病になる必要はありません。

「夢を持ったらひたすらそのことを頑張らなければいけないんだ」と苦しく思う

必要もありません。それでは「should（〜すべきこと）」や「must（〜しなければならないこと）」になってしまいます。

「want」の気持ちを持ち続けることのほうが大切なのです。「I want」の感性を持ち続けるかぎり毎日をワクワクしながら生きることができ、人生が輝き続けます。

自分の「制約条件」を一つひとつ消してみる

ここまで繰り返し、繰り返し、「I want」を見つけよう、「I want」で生きようとお伝えしています。

でも、なかなか日常生活の中で、感性を封印してしまっている状態で自分の心の声に耳を傾けることは難しいものです。

そこで、一つの方法を提案します。

人は、たくさんの「制約条件」を持って日常生活を過ごしています。

たとえば、

「自分は学歴がないから」「自分はもう年だから」

「自分は長男だから」「自分は次男だから」

「自分は女（男）だから」「自分は田舎者だから」

「自分は才能がないから」「自分は年収が低いから」

「自分は貯金が○○しかないから」「自分は家族を抱えているから」

「自分は太っているから」「自分は英語を話せないから」

「自分は体力がないから」「自分は背が低いから」

「自分は友達がいないから」「自分は○○が苦手だから」

……など。


「簡単にいうな」とお叱りを受けるかもしれませんが、これらの**自分の「制約条件」を一つずつ外すようにしてみるといい**のです。


「もし、自分が若かったら何をするかな？」

「もし、自分の年収が上がったらどんな生活をするかな？」

「もし、自分が英語がペラペラだったどんな仕事に就きたいかな？」

というように。

いつもはただ自分を制限してしまっているさまざまな条件を、「もし、そうでなかったら、自分はどうするかな?」と考えてみるのです。頭の中だけでなく、それを書き出してみるといいでしょう。

そこから本当の「I want」に気づくことができれば、思考も習慣も行動も、そして人生も変わりはじめます。

"夢泥棒"の話を聞いてはいけない

あなたは99・98%不可能、ということに挑戦できますか。

99・98%不可能ということは、ほぼ100%不可能ということです。

そんな夢に向かってチャレンジする気持ちになるでしょうか。

普通なら、そんな挑戦はしないでしょう。でも、そんな夢に向かって挑戦し、夢を実現する人たちがいるのです。

たとえば、北海道勢ではじめて甲子園で優勝した駒大苫小牧高校です。駒大苫小牧高校は一昔前まで弱小校でした。

北海道では、冬にはまともな練習ができません。北海道勢が甲子園で優勝したことはありませんでした。冷静に考えて、理屈でいったら「甲子園大会で優勝したい」などと思うことはないでしょう。

でも、彼らは違いました。「甲子園大会に出場」を目標にしたのではなく、「甲子園大会で優勝」を目標に掲げたのです。

そこには理性による計画なんかありません。

「優勝したい。優勝したらかっこいい」という感性による夢だけです。

甲子園大会には約４０００校が参加するそうです。そのうち優勝する一校になれる確率は０・０２％ほどです。そのほとんど０％に近い確率にもかかわらず、彼らはチーム一丸となって、感性をワクワクさせ続け、理性を超えた活躍をしてみせたのです。

そして奇跡を、我々に見せてくれたのでした。

身の回りの人は、「無理に決まっているよ」という夢泥棒ばかりです。

でも、感性が躍動しているかぎり奇跡は起こせるのです。

そして、感性に忠実に従い、挑戦をした者だけが夢をかなえることができるのです。

あなたにとって「成功」とは？

「目標は具体的で鮮明なほうが手に入りやすい」という話を前にしました。

仮に、「もっと積極的な人間になりたい」と願うのだったら「積極的というのはどういうことか」「積極的な人間というのは、たとえばどういう人か」ということを具体的に挙げ、明確にしていったほうが達成しやすいという話です。

同様にあなたが、もし「成功したい」と思うのであれば、

「自分にとっての成功とはなんだろう」

と自分なりの定義を明らかにすることをおすすめします。

私にとっての成功の定義というのは、

「他人の役に立ちながら、自分のやりたいことをまっとうできている状態」

です。

ですから、収入はあまり関係ありません。他人の役に立ちながら、自分がやりたいことをできている状態であるならば、成功しているといえます。

反対に、どれだけ収入を得ていても、どれほど立派な家や車を持っていても、人の役に立つことをしないで稼いだ収入であれば、それは成功ではない、と私は定義しています。

これはあくまでも私の定義ですから、正解などではありません。

あなたは、あなた流の定義をしてみてください。

自分流の成功の定義を明確にする――。

するとぶれない行動指針ができます。

ぜひ考えてみてください。それを日記帳にも書き出してみてください。

時間とお金をコントロールせよ

成功の定義は人によって違うため、自分なりの成功の定義を明確にしてみてくださいとお伝えしました。

人によって成功の定義はそれぞれ違うのですが、自分らしい成功を手に入れた多くの人に共通していることがあります。

それは、二つのことについてしっかりコントロールできていることです。

その二つとは何か。

①時間
②お金

です。

時間とお金をしっかりコントロールするためには、自分の「やりたいこと」が明確になっていなければなりません。**「やりたいこと」が明確であればこそ、そのために必要な「お金」や「時間」の使い方も明確になるのです。**

そしてお金と時間をしっかりコントロールできたからこそ、成功していくのです。

お金にだらしなく、時間にだらしない人が、成功できるはずがありません。

時間と感情の同時マネジメント法

時間というのは、1年が365日で、1日が24時間で、1時間は60分で、1分は60秒だと誰もが知っています。誰もが同じ時間を持っています。

では、誰もが同じような時間感覚を持っているのでしょうか。

それは違います。

当たり前のことですが、時間の感じ方は人によって違います。

たとえば、
「好きなことをやっていると、時間はあっという間に過ぎ去る」
「嫌なことをやっていると、時間がなかなか経過しない」
というように、同じ時間でも、その人の好き嫌いによって感じ方はまったく変わってくるのです。

では、「時間を有効に活用するにはどうしたらいいのか」ということについて私が実践している方法をご紹介しましょう。

あなたのスケジュール帳には「10時から、○○氏と打ち合わせ」など、人とのアポイントメントしか書かれていないのではないでしょうか。

人によっては「やるべきこと」をたくさん書き込んでいるかもしれません。私も、単なるアポイントメントに加えて、「やるべきこと」をたくさん書き入れるようにして生産性が格段に飛躍しました。

そして、今ではさらに進化しています。それは、**「どんな感情を味わいたいか」をあらかじめ書き込んでおく**のです。たとえば、

手帳に書き込んでおきたいこと

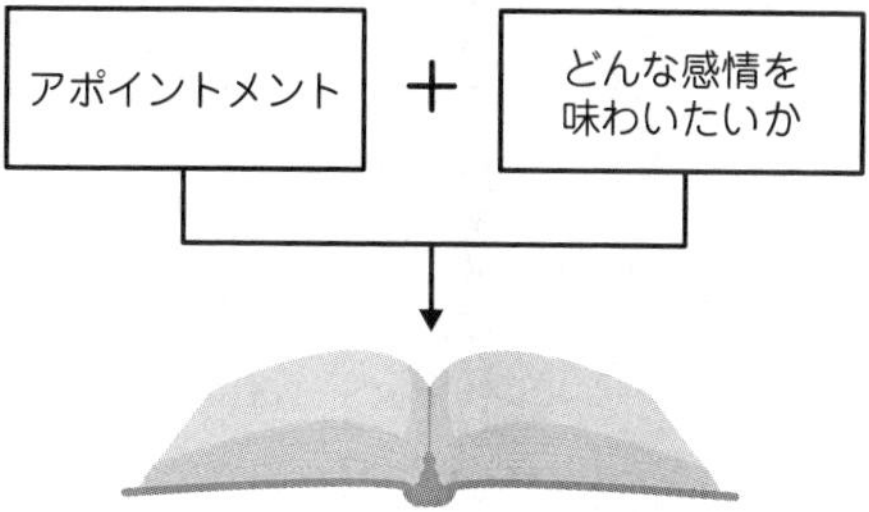

・朝9時に○○氏に確認の電話を入れ安心してもらう。そして自分も安心する
・明日の午前中の間に、ためていた顧客フォロー電話を7件かけ、喜ばせる
・今日の夜ごはんはおいしいお肉を食べて満足感を味わいたい
・明日のお昼ごはんは友達のユウくんと食べて、会話を楽しみたい
・明日の17時には企画書を完成させて達成感を味わいたい

……など。

「明日、やるべきことを終えたらこんな

感情を味わいたい」と考えながらスケジュール帳に書き込み、タイムマネジメントをするのです。

すると、ノルマや「should」「must」でやるべきこと、やらなければならないことも、快の感情になると楽しみにしながら行なえるようになっていきます。

味わいたい感情を書き出し、「感情のタイムマネジメント」をすることは、毎日がつまらなく過ぎ去ってしまっていると感じている人にはおすすめです。

あなたの夢実現にはいくら必要か

お金を貯めていける人、いけない人はどこが違うかというと、シンプルな公式があります。当たり前ですが、「収入が支出より多い人は貯まる。支出が収入より多い人は貯まらない」のです。

以前、新聞の記事で読んだのですが、日本人の大多数が「年収があと2割増えたらいいな」と考えています。

年収300万円の人でも、年収1億円の人でも、そうなのです。

これは自分の生活に合わせたお金の使い方をしていて、もう少しあればいいなと考えている証しです。

でも、独立した経営者や起業家ならともかく、サラリーマンをやっているかぎり、勤続年数や年齢によって給料がある程度決まっている場合がほとんどでしょうから簡単なことではなく、お金を貯めようとしたら、やはり支出を減らしていくしかありません。

そのときに、「should」と「must」だけで、「1カ月の食費を○円以下にしよう」「お小遣いは○円にしよう」などのように決めてもなかなかうまくいきません。

この場合もやはり上手に「I want」を使い、そのうえで計画をしっかり立てることでお金のコントロールが上手になります。

「いくら貯めたい」という「I want」もいいのですがもっといい方法があります。

それは「**○○をしたい。それにはこれだけのお金がかかる**」というように「**夢と、その実現に必要なお金をセットで書き出す**」のです。それをすると、無駄遣

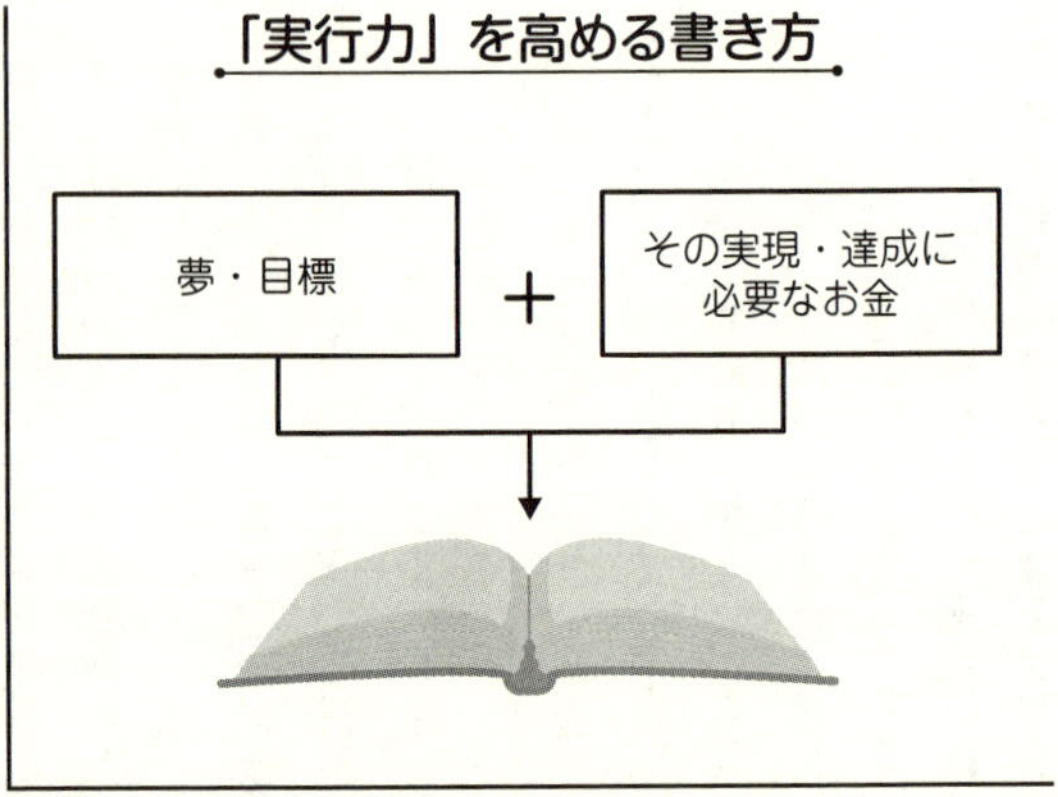

いをする気がなくなってきます。大好きなことをやるためなら、人は頭を使って楽しく、上手に節約をしはじめるのです。
お金を貯めたいのなら、まずやりたいことを書き出し、必要なお金を書き出してみてください。そして現在の収入や貯金と、今後の収入の予定などを勘案し、①収入を増やす計画、②支出を減らす計画、③無駄を減らす計画などを立てていってみてください。
支出を減らすことができると、「最悪の場合、収入がここまで減ったとしてもなんとかなる」と思えて、安心できます。

「夢中」こそ最高の成功の秘訣

私の周囲の成功者といわれる人は、どんな人たちか。

「好きなこと、やりたいこと、ワクワクできることに夢中になって、没頭してきた人たち」です。

私がまだ大学生のときに、

「今村くん、BOYS, BE AMBITIOUSというクラーク博士の言葉があるだろう、あれはね、『青年よ、大志を抱け』じゃないんだよ。本当は『男たちよ！　野心家たれ！』といってるんだよ」

と話してくれた経営者がいました。この人の情熱、行動力はすさまじく、今では大企業グループをつくり上げています。

この人には、その「野心家たれ」という言葉が強く響いたようで、その言葉を胸に、ひたすら自分の好きなこと、やりたいことを追求し、仕事に没頭し、数々の大きな成功をおさめてきたのです。

あなたが夢中になれることはなんでしょうか？

そのことに集中すれば、没頭すれば、仕事も、人生も、必ずうまいきます。

「謙虚さ」を失ったら終わり

よく「この経営者はすごいんですよ」といわれて人を紹介されます。実際に、お話を聞いていて「すごいな」とは思います。

でも、それと同時に「成功は長続きしないもの」「ブームには必ず終わりがくる」ということも経験上、よく知っています。

私は銀行員時代に、担当している会社や新規開拓のために日々通っている会社など約１００社の社史を研究した時期がありました。

私の勤めていた銀行は少し特殊な銀行であったため、年商２０００億円の会社でも新入社員の私が担当をしたりしていました。年商１００億円くらいでも取引先としては小さな会社（中堅企業）としてとらえていたのです。

そして、「まぐれではなく、継続して会社経営を成功させている」といって間違いない会社の社史を研究してみると、「どの会社でも、倒産の危機に直面したことがある」ことに気づきました。

例外はありません。会社内部の問題によるものもあれば、経営環境の変化、時代の変化によるものもありました。

たったの3年や5年の成功というのは、いつ崩れ去るかわからない脆弱《ぜいじゃく》なものなのです。

成功し続けている会社は、「本当の成功の法則」がわかっています。

でも、ほとんどの会社が、たまたま成功したとしても有頂天になり、感謝を忘れ、傲慢になり、環境が変わった瞬間につぶれていくのです。

ですから**「今、うまくいっているのは、たまたまうまくいっているだけかもしれない」「たまたま時代のニーズに合っただけかもしれない」ととらえる謙虚さが必要**です。

成功し続けるために知っておくべきこと

私は成功者といわれる多くの人と知り合ってきましたが「いったんは成功したけれど、その後大失敗してしまった人」と、「成功し続けた人」には差があることがわかりました。

「成功し続けた人」は途中で気づいたのです。

何に気づいたか？

「成功すればするほど大きな責任がともなってくる」ということに。

小さな成功には、小さな責任しかありません。

大きな成功には、大きな責任がともないます。

商品に対する責任、社員に対する責任、社会に対する責任、顧客に対する責任、そして家族に対する責任……。

大きな成功をしたいけれど、小さな責任しか取りたくない覚悟でいた人は、一瞬の成功のあと、ほどなくして木端微塵《こっぱみじん》に吹き飛んでいきました。

いったん手に入れた成功をもっと大きなものにしていくのか。それとも、それなりのサイズでやっていくのか。

それは人それぞれです。どれが正しいなんてありません。

でも、成功と責任には相関関係がある、ということはぜひ覚えておいてほしいと思います。

◇

ここまでお話ししたことは、いつもすべてに意識を集中させておかなければならないとはいいませんが、この章の冒頭で述べたように、これらは、日記を書くときのポイントであり、そして人生を好転させていくための重要なファクターでもあるので、ぜひ心にしっかり留めておいてほしいと思います。

第5章

どう幸せになるか？

――〝日記効果〟をもっと高めるための考え方

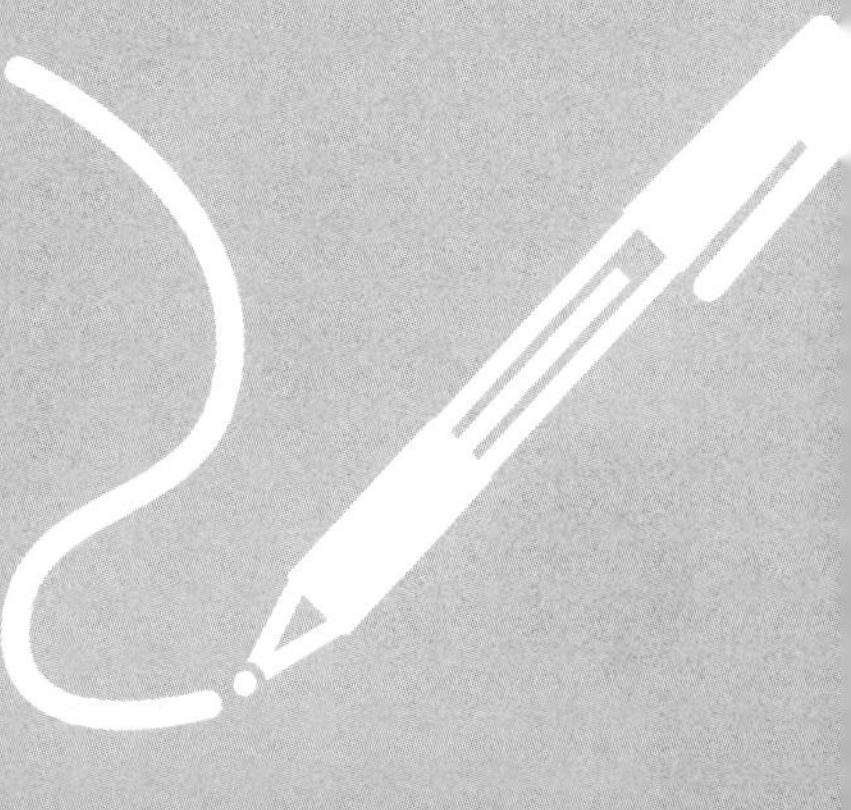

人生は「優先順位」で決まる

成功することも人生では重要ですが、幸せを手に入れることも重要です。成功しても幸せではない、という人は多くいます。

成功も幸せも、どちらも大切にしなければなりません。ここからは、幸せを手にするために必要な要素をお話ししていきます。

「幸せ」について考えておくと、日記の効果も高まります。ですので、ぜひ参考にしてください。

あなたは、仕事が大切だと思いますか？
お金が大切だと思いますか？
家族、健康が大切だと思いますか？
人間関係が大切だと思いますか？

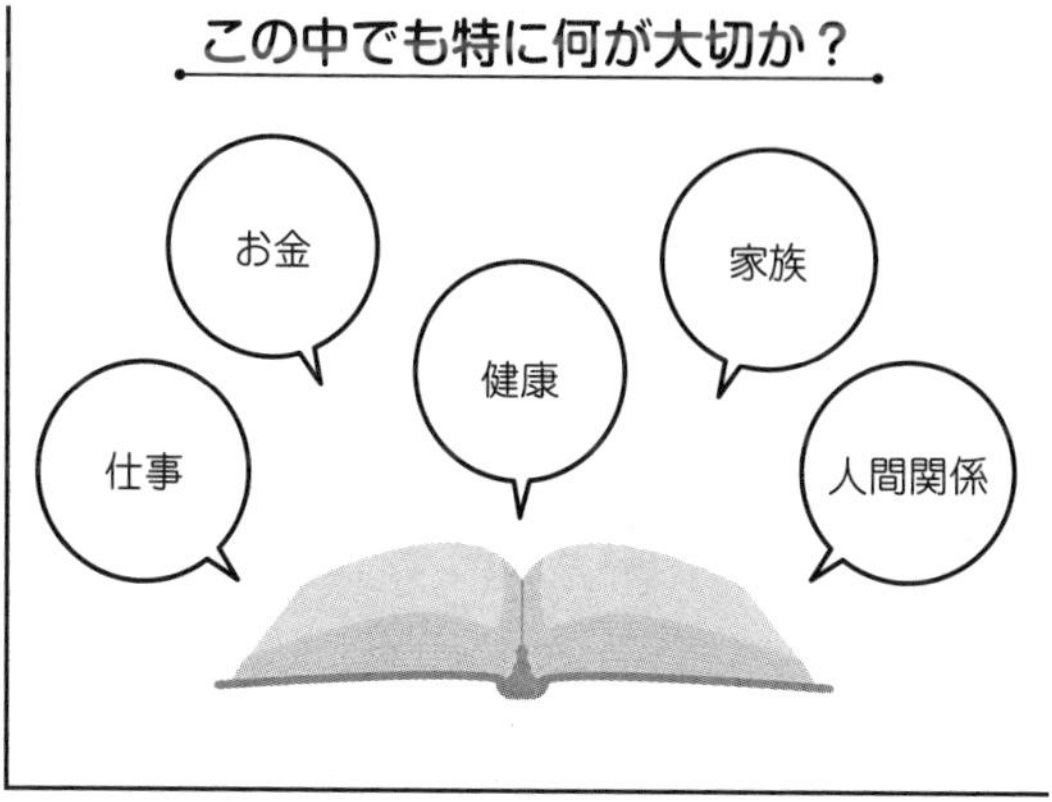

あなたは、きっと「仕事」も「お金」も「家族」も「健康」も「人間関係」も、「もちろんすべて大切だと思っている」と答えることでしょう。

でも**大事なことは、この価値観（大切なもの）の優先順位**です。

人は、価値観の優先順位が違っていたら、同じ出来事に対しても感じ方は変わってくるのです。たとえば、「家族」が一番大事で、その次が「仕事」という優先順位の人と、「仕事」が一番で、その次が「家族」という優先順位の人が、同じ会社で同じように残業することになったとしましょう。

後者は、「よし、明日の準備を完璧に仕上げよう。最高のプレゼンをして契約を取るためだ」と残業などへっちゃらで取り組むでしょう。

でも前者は、「明日のプレゼンは大事だけれど、でも、それより家族と一緒に食事をすることのほうがもっと大切だ」と思っているので、残業をするのが苦痛であるはずです。

両者ともに、「仕事」「お金」「家族」「健康」「人間関係」などについてはどれも大事だと考えていますが、優先順位によってまったく違った感じ方をし、それが幸せと不幸を分けるポイントにもなるのです。

ようするに、**自分の価値観に合った働き方、生き方を選ばないといけない**ということです。

多くの人が大切にしている価値観には、他にも「安心」「自分の時間」「夢」「美」「出世」「地位」などいろいろあります。

どの優先順位が正しいというものはありません。大事なのは自分の優先順位をしっかりと知ることで、すると、日々の生活の中で、選択で悩むことが減ってい

くのです。

日記を書き続けていくと、自分にとって大切なことは何か、その大切なことの優先順位はどうかがわかってきます。

私の〝幸せのバロメーター〟について

前章で、自分なりの「成功」の定義を明らかにしてみようとお話ししました。

同様に**自分なりの「幸せ」の定義も明らかにしてみましょう。**

私の幸せの定義は次のようなものです。

「どんな逆境や困難であっても、感謝と報恩の思いを持てている状態」

人生は順境なときばかりではありません。

逆境や困難は人生にあって当たり前で、そんなときでも感謝の気持ちを忘れない、恩に報いたいという気持ちを忘れない自分でいられたらいいな、幸せだなと考えています。

さらに、私には「幸せのバロメーター」というものが四つあります。

一つめのバロメーターは、

「自分の周囲にどれだけ笑顔があるか」

ということです。

自分の周囲の家族、社員、顧客、友達が笑顔になれないような生き方では、自分は幸せな人生を歩めていないというふうに考えます。少しでも周囲の人を笑顔にできる生き方をしたいと日々考えているのです。

二つめのバロメーターは、

「健康でスリムな体型を保てているか」

ということです。

太ると疲れやすくなり、疲れていると人に対して余裕がなくなり、感謝や恩どころか自分のことで精いっぱいになってきます。

三つめのバロメーターは、

「部屋の中が整理整頓されているか」

ということです。

私は自分の心の状態と部屋の状態は同じだと考えています。部屋が混乱しているときは、頭の中（心）が混乱しているときです。ですから、部屋がきれいかどうかというのが大事なバロメーターになっているのです。

四つめのバロメーターは、

「一人きりになる時間を持てているか」

ということです。

これはとても大切な要素です。私にとっては家族も社員も大切で、一緒にいると楽しいのですが、それでも「一人きりになる時間」というのがないと、どうも地に足がついていないような状態になっていくのです。

ですから、忙しさに流されず、自分一人になる時間を積極的につくっています。

このように、「周囲に笑顔があり」「体重がベストで」「部屋がきれいで」「一人きりになる時間がある」という状態にいられているかどうかが、私の「幸せのバロメーター」です。

心身に余裕がなくなっているときには、不思議なくらいこの四つの基準（バロメーター）からどれか一つ、あるいは複数が外れています。これがはっきりわかっているからこそ修正もしやすいのです。

あなたにとっての「幸せの定義」はなんでしょうか。自分なりの定義と、幸せのバロメーターを考えてみてください。それをノートやメモ帳、手帳に書き出してみてください。

それがはっきり認識できると、幸せを手に入れるための方法、生き方がしっかり見えてくるでしょう。

幸せは目指すものではなく、気づくもの

私のセミナーで、ある成功している経営者がいいました。

「私は、ビジネスで成功する方法は知っていますが、幸せを手に入れる方法は知りません。どうすれば見つかるのでしょうか」

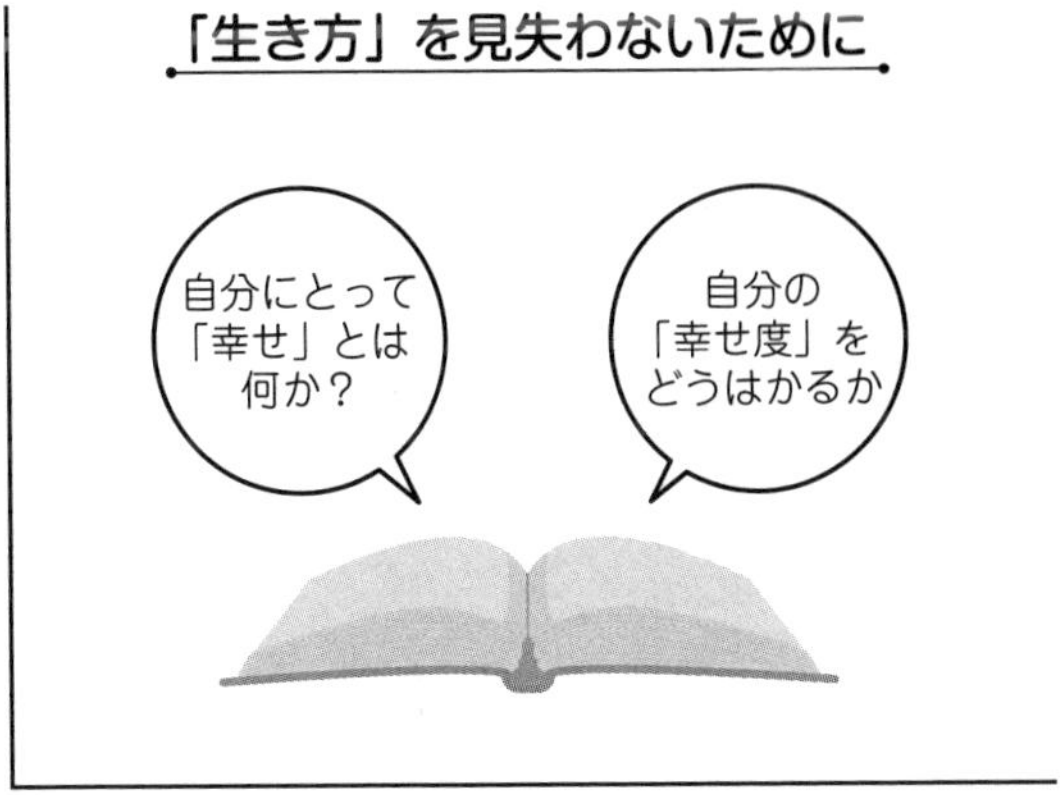
「生き方」を見失わないために
自分にとって「幸せ」とは何か？
自分の「幸せ度」をどうはかるか

彼は、さまざまな幸せを犠牲にして成功を手に入れたと考えているようでした。その虚しさはよくわかるし、そう考えるのも理解できます。

でも、私は思うのです。

「幸せは探そうとして見つかるものではない。幸せは感じるもの、幸せは気づくものだ」

と。

幸せを感じるのも、幸せに気づくのも、「今・ここ」を大事にすることです。**あなたの「今・ここ」の周りには、あなたが幸せになるヒントがあふれている**のです。

だから、**「ふと感じた喜び」を書き留めておく**のです。

「今・ここ」にある大切なものを「感じる」ところに、幸せへの入り口がありま す。どれだけ頭を使って、自分にとって幸せとは何かを考えようとしても、難しいのです。

「あきらめる」ことで見えてくるもの

「夢をあきらめずに、思い続けた人間がそれをかなえることができる」とよくいわれます。それは正しいと思います。

ただ、**「幸せになるためには、あきらめることも大事だ」**と思っています。

夢をあきらめてはいけない、初志貫徹しなければならないという考え方によって、不幸になっていく人も多いのです。

もし、「should（〜すべきこと）」「must（〜しなければならないこと）」でがんじがらめになって、夢に執着しているのなら、それは不幸です。

夢に向かっている途中で、自分がもっとやりたいことに気がつくこともあります。時代や環境が大きく変化してしまっていることもあるかもしれません。

そのときに、

「夢を変更するのは、自分が弱い証拠だ」

「あきらめるのはかっこ悪い」

などと思うのは不幸の入り口なのです。

過去の「wanted」で生きるより、「今・ここ」を大事に「I want」で生きることのほうが、ワクワクする生き方だと思います。

このことはここまでも何度か述べましたが、**夢は変わっていいのです。夢は形を変えていいのです。そのほうが、もっと自分らしい幸せに近づける**からです。

"矛盾"を恐れてはいけない

人生においては、日々さまざまな問題が、降りかかってきます。それらをすべて論理的に明快にスパッと解決できればいいのですが、ものごとを追求していくと、矛盾だらけです。

世の中は矛盾だらけです。

だから、真面目な人ほど悩んでしまいます。論理的に一貫性を持とうとしてしまうからです。

でも、**「前にいっていたことと矛盾している」といわれることを恐れてはいけません。**「矛盾の中を生きることとこそ、真実の世界を一生懸命生きている証し」なのです。

「真剣に生きるということは、世の中の矛盾も受け入れ、飲み込むことだ」という覚悟が決まってしまえば、楽になり、行動的になれるでしょう。

どっちが正しいのかわからない。そんな悩みを抱えて、行動できなくなってしまうことがよくあります。ものごとはすべて紙一重というよりも表裏一体だからかもしれません。

しかし、すべてのものごとに白黒はっきりつけられるほど、人生は簡単なものではありません。だから「今・ここ」を大切にして前に進むことが大切なのです。

幸せになるコミュニケーション術

人間関係において愛情に包まれているときというのは、どんなときでしょう。

私は、今までに、多くの会社の社員教育、親の子どもの教育にかかわってきました。また多くのスポーツの団体にもかかわり、監督やコーチが選手を指導、教育している場面を見てきました。

教える側、指導する側の人たちはみな情熱的な人たちでした。でも、なかなかうまく育てることができないことに苦しんでもいました。

私は、多くの教育現場にたずさわり、確信していることがあります。

それは、愛情が根底になければ、人を指導したり、教育したりすることはできないということです。愛情がなければ、人はルールを押しつけられても嫌なだけです。苦しいだけです。

では、「愛情ってなんだろう」と考えるとき、私にはわかりやすい公式があります。

それは**「愛情＝理解＋応援」**です。

しかし、多くの教育現場で、どちらかが欠けてしまっていることが多いのです。

わかりやすく子どもの教育を例にお話しします。

①子どもをよく理解している。でも現状肯定をしているだけで応援していない

②子どもをいつも応援している。でも子どもの気持ちをよく理解していない

親が自分のことを理解してくれていない状態で、「頑張れ！　頑張れ！」といわれても、子どもは苦痛でしかありません。

逆に、自分のことを理解はしてくれていても、ただ「今のままでいいんだよ」といわれるだけでは、子どもは成長することができません。

子どもたちが十分に心が満たされて、スクスクと伸びていくためには、親から理解と応援がセットの愛情を受けなければならないのです。

もっとあの人を理解しよう、応援しよう

私には、「ありがたいな」といつも思うことがあります。

それは、今の私には、何かあったら、１００％腹を割って、１００％の自己開示をして相談でき、それを受け入れてくれる人が何人もいることです。こんな素敵な人たちと会えたことが本当に嬉しいのです。

自分のことを理解してくれている人がいる——。

それは大きな喜びです。

この人たちは、私がいつも迷惑をかけているにもかかわらず、いつも私のことを「理解」しようとしてくれますし、「応援」しようとしてくれます。

今、自分はいったい周囲の人のことをどれくらいきちんと「理解」し、しっかり「応援」しているのだろうか——。

そう自問すると、自分はたくさんの人に理解と応援をしてもらっているくせに、

あまり他人の理解と応援をしていないことに気づきます。

もっと自分の周囲の人を「理解」し「応援」してみましょう。

自分がたくさんの人を「理解+応援」ができるようになったとき、たくさんの人といい縁を結ぶことができ、よりよい人間関係、生き方を得ることができるのです。

あなたは今、家族のみんなの理解と応援ができていますか。
あなたは今、会社の仲間の理解と応援ができていますか。
あなたは今、上司の理解と応援ができていますか。
あなたは今、部下の理解と応援ができていますか。
あなたは今、恋人の理解と応援ができていますか。
あなたは今、お客様の理解と応援ができていますか。

「自分は今、○○の理解と応援ができているか？」――このことをノートやメモ帳、手帳に書き出してみましょう。自分の周囲の人への理解力と応援力が高まれば、どんどん人間関係がよくなり、人生が好転していきます。

人間関係をよくする日記
自分は今、
○○のことを理解しているか？
応援できているか？

いい人の周りには人の花が咲く

私が尊敬している人の一人に望月俊孝さんがいます。望月さんは「宝地図」という「感性をワクワクさせ続ける」きわめてシンプルで強力なメソッドを発表されました。そして、多くの人に、夢をかなえる方法を伝えています。

その望月さんは、私を含めた「口の悪い仲間たち」の中においても格別のいい人だと評判です。

いつでもニコニコし、いつでも目の前の人たちを応援しているのです。

あるとき、望月さんが、私のところに他の今村さんと間違えて電話をかけてきました。

普通、間違い電話をかけられると、不愉快な思いとまではいいませんが、特にいい思いはしません。

ですが、望月さんがほがらかな声で、〝今村違い〟の私に話し続けているのを聞いていて、なんだか心が洗われるようでした。

そのときふと気づいたのです。

「あ、この人から誰かの悪口を聞いたことがない。この人が怒っているところを一度も見たことがない」

と。

だからでしょう、望月さんの周りにはいつもたくさんの素晴らしい人たちが寄ってきていました。

そのとき私は次のようなことを思いました。

「花の周りには蝶が集まる。フンの周りにはハエが集まる」

望月さんは花のような輝きを持っているから、いつも周囲に素晴らしい人が集まるのでしょう。

第6章

ここに気づくか？

——日記を通して、心の内側をもっとよく見る

ある「問題社員」たちの共通点

仕事がら、私は多くの経営者から「問題社員」といわれる人についての相談を受けます。成績が悪い。遅刻が多い。ミスが多い……しかし、その問題社員に会って話してみますと、たいていそれほど悪い人ではありません。

というよりも、私の目から見ると「この人、いい人そうだな」と思える人のほうが多いというのが実際のところです。

でも、一つだけ、「問題社員」の多くの人に共通していることがあります。

それは、無気力なのです。

問題社員の多くは「感性が鈍っている人」なのです。

彼らに共通するのが、

「何か今日、いいことあった？」

「何か今日、楽しいことあった？」

と訊くと、

「べつに何もない」

というのです。

「じゃあ、今週1週間の中で、何か楽しいことあった？」と訊くと、それも「何もない」というのです。

これと比べ、毎日をイキイキ、ワクワク生きている人たちに同じ質問をすると、

「いや、さっき笑えたんですよ。目の前の人がこんなアホなことをして！」

「さっき食べたプリンが、最高においしかったんですよ！」

などと、**「小さなこと」でも本当に楽しんでいる**のです。

きっと、問題社員たちは、楽しいことに気づく感性がうすれてしまっているのでしょう。

彼らにも、何か小さな楽しいことがあったと思います。でも、そのことに「気づく」ことができなくなってしまっているのです。

彼らは決して人間性がダメなのではありません。

感性が鈍ってしまっているだけなのです。

「感性の力」に限界はない

感性の力には限界がありません。あなたの心が「I want」と感じることが増えれば増えるほど、楽しさや喜びは増していくのです。

私は、たくさんの「頭のいい人」たちに出会ってきました。どの人も教養があり、知識があり、素晴らしいことをいっています。

「常に感謝が大事です」「いつでも明るく元気よく」「決して怒ってはいけません」……私もそう思います。正しいと思います。

でも、私が出会ったそんな頭のいい人たちは「感性を封じ込めよう」としている人たちでもありました。

本当は悲しんでいるのに、悲しんでいないふりをする。

本当は怒っているのに、怒っていないふりをする。

本当は楽しくないのに、楽しんでいるふりをする。

本当は不安でいっぱいなのに、平気なふりをする。

本当はやりたいことがあるのに、ガマンしている。

本当は苦しくてしかたないのに、ガマンしている。

……そんな人たちです。

人前でそうふるまわざるをえないときもあるでしょう。

それはわかります。しかし、**自分の心に嘘をつき続けていると、「感じる力」が鈍る**のです。

感性が鈍ってしまえば、「ああしたい」「こうしたい」「こうなったらいいな」という「I want」に気づくこともできなくなってしまいます。

そうすると夢を持つことも、欲を持つこともできなくなってしまうのです。無気力になるのです。

ですから、「感じる力」＝「感性」をよみがえらせることが必要になってくるのです。

そして、ここまでも触れてきたように、**「感性」をよみがえらせるには、日記を書くのが一番シンプルで効果的な方法**なのです。

過去や未来の悩みで頭がいっぱいになったら――

感性とは「感じる力」のことですが、感じることができるのは、「今」だけです。過去や未来のことを感じることはできません。過去や未来のことを感じていると思っても、それは理性で「考えている」のであって、感性で感じているのではありません。**感性には「今」しかないのです。**

未来や過去ばかりをあれこれ思い悩む人に、充実した「今」を感じることはできません。「今」を感じる能力が衰えてしまうと、夢やワクワクする気持ちも持てなくなります。そして、無気力な人間になっていくのです。

そんな状態で、夢や目標を追い求めようとしても、なかなか実を結ばないのは当然です。

もし、**自分の頭の中が過去や未来の悩みで堂々巡りとなったら、日記を書きましょう。「今、感じていること」に集中して、あなたの「I want」を書き出しましょう。**

その際のポイントは、「集中」することです。感性は、集中力がない状態ではうまく働きません。小さな音をとらえようと、じーっと耳を澄ますときのように集中しましょう。

疲れているときや、忙しさに追われているときは、集中力が落ちています。集中力が落ちていると感性が鈍くなり、本当の「I want」が出にくくなるのです。疲れているときは、まずはゆっくり休んで、それから日記にとりかかるといいでしょう。

「自分」をもっと応援してあげよう

あなたは、自分の住んでいる街から1000キロ離れた村の、会ったこともない、今後の人生でも会うこともない人に、自分のことを理解してもらえなかったらショックでしょうか。

べつにショックではないと思います。

では、職場の人だったらどうでしょうか。ショックでしょうか。恋人に理解してもらえなかったら、家族に理解してもらえなかったらどうでしょうか。ショックだと思います。身近な人に自分のことを理解してもらえなかったら悲しいし、不安なはずです。

でも、職場の人や恋人や家族よりあなたの近くにいる存在があります。

それは、自分自身です。自分が自分を理解し、認めてあげなかったら、自分の心は悲しみでいっぱいになります。人生が不安でいっぱいになります。心が不安でいっぱいで、人生が不安でいっぱいになってしまうのです。

恋人や家族があなたの夢や目標に対して理解がなく、応援してくれなかったら、その夢の実現、目標の達成はきっと難しいでしょう。

それ以上に「自分自身のことに理解がない」「自分自身を応援してあげられて

いない」のであれば、夢の実現、目標の達成など望むべくもないのです。
だから、日記を書くのです。自分自身を理解し、認め、応援してあげられるように、日記を通して自分を理解し、認め、応援してあげられるようになりましょう。

あなたが「理屈抜き」に楽しいことは何か

繰り返し、「感性こそが大事」と伝えてきました。自分の感じていることに耳を傾けられなくなってしまっている状態では、本当の成功も幸せも手に入らないからです。

感性というのは文字どおり、「感じる」ことにまつわるものなのですが、「こういうものだ」とはっきり言葉にすることはできません。

感性とは、体感するものです。ワクワクする感覚、ドキドキする感覚、ウキウキする感覚……それぞれが自分自身でつかむものです。あなたは日記を通し、自

分自身の感性を体感し、見つけてください。

もちろん、人間には理性も大切です。たとえば、未来に対する不安に対してなんらかの対策を立てることは、人間の理性に与えられた素晴らしい危機管理能力です。

ですが、実際にはまだ起こっていない「バーチャルな不安」に対して、過度な不安を抱えると、人は行動が鈍り、気力が減退していきます。理性は人を深刻にさせるのです。

それに比べ、**感性は、夢や目標に向かって「今」を輝かせます。充実させます。人を楽しくさせます。ワクワクさせます。**

1歳くらいの乳幼児を見ていると感じることがあります。彼らはまだ赤ちゃんといってもよさそうで、歩いたりすることもろくにできないのに、自分の脇の下くらいまである高さのソファによじのぼったりしてしまうのです。

時々、落っこちてワンワン泣いたりもするのに、何度も何度も同じことにチャレンジするのです。

夢中になれることリストをつくろう

そして、ソファに苦労してのぼりきると満面の笑みを浮かべたりします。

これはなぜか。全身を使ってよじのぼると達成感を得られるからなのでしょうか。

上から見た景色がいいのでしょうか。のぼれるようになって成長感を味わいたいのでしょうか。のぼれるようになった姿を周囲の人に見せたいのでしょうか。それによって、ほめてもらいたいのでしょうか。

まだ1歳で、しゃべることができませんから、本当のことはわかりませんが、でもいろいろ理屈はつきます。

間違いなくいえることは、
①赤ちゃんは報酬をあてにして頑張っているのではないということ
②いかなる理屈より優先して「楽しい」から頑張っているということ
つまり、**理屈抜きに「楽しい」ことこそがモチベーションになっている**のです。

そう、人にとって楽しいことこそが、何よりのモチベーションになるのです。

あなたが、理屈抜きに「楽しいこと」はどんなことですか？

それを日記に書き出してみましょう。

日記は人生のピンチも救ってくれる

今までに、多くの会社の経営にたずさわってきました。たくさんの会社の歴史に触れてきましたが、どんな会社でも倒産のピンチに陥るときが必ずあります。会社の内部の問題によるものもあれば、外部環境の変化の問題によるものもあります。

そのときに、そのピンチを乗り越えられる会社と乗り越えられない会社があります。

乗り越えられる会社というのは、ピンチを一緒に乗り越えるために、理屈抜きで社員たちが結束した会社です。

さまざまな理屈を超えて、みんなが会社の倒産のピンチを切り抜けるために一丸となったときに乗り越えられるのです。理性ではなく、まさに感性の力による結びつきです。

あなたも夢を実現したいなら、目標を達成したいのなら、感性でつながることのできる仲間をつくるといいでしょう。強力な味方になってくれます。

ところで、ピンチというのはよく同時に襲ってきます。

たとえば、**自分の勤めている会社の経営状況が傾き、あなたに職を失う危機が迫っているというようなとき、なぜか多くの場合、健康に問題が起きたり、人間関係に問題が起きたり、家庭で問題が起きたりするもの**なのです。こういったときが本当のピンチなのです。

ですから、何かピンチがやってくる様相のときは、同時にピンチがやってくる危険性があると考え、いつも以上に「お金」「健康」「人間関係」「家族」などに注意すべきなのです。

そのためにも、前章で述べたように、**日々、日記を通して自分にとって大切なことやその優先順位などを明確にしておくことが重要**なのです。

こんな日は、じっくり日記に取り組もう

同じ出来事に遭遇しても、どんな感想を持つかは千差万別です。その感想から何かひらめき、ビジネスを大成功させてしまうような人もいれば、たいして有益な感想を持てない人もいます。

私自身、今までに多くのセミナーを主催してきましたが、同じセミナーの内容であっても、一流の経営者というのは、有益かどうかは別として、まずたくさんの感想を持つのです。

感じる力が優れているからです。

二流以下の経営者からは、同じ内容のセミナーにもかかわらず、何も感想らしい感想が出てきません。

そもそも感想というのは「感じたこと」「思ったこと」ですから、そこには正しいとか間違っているということはありません。

感じたことをいうだけなのに、いえないのです。つまりほとんど何も感じていないのです。感じることにストッパーをかけるクセがついてしまっているのかもしれません。

まずは、どんなことでもいいから「感想を持つ」ことが大切です。そして、**「前向きで、ワクワクできるような感想を持つことで人生がおもしろくなる、チャンスが広がる」**ということを知っておいてほしいと思います。

先ほど述べたように、感想には正解も不正解もありません。

でも、後ろ向きな感想、暗い感想を持つより、前向きな感想、明るい感想を持ったほうが、「心質」がよくなり、考え方も行動も前向きに、明るい方向に変わり、仕事や人生が好転していくのは間違いありません。

日常の生活の中で、何かを体験をし、何か感じること（感想）があったときは、日記に書き出しましょう。

そして、その感想を深めることで、何か新しいこと、楽しいこと、おもしろいことをするためのヒントが見つかるかもしれません。

感情を封じ込めるな

繰り返し繰り返し、「感性が大事だ」と伝えてきましたが、「感情」というのもまた大事です。

自分の感情に正直でないと、人はしだいに「不感症」になっていきます。

感情が鈍くなっていくのです。

もっと喜ぶ。

もっと怒る。

もっと哀しむ。

もっと楽しむ。

それが大切です。

「でも、感情のおもむくままに行動してはダメなのでは？」

という声が聞こえてきそうです。

もちろん、感情のおもむくままに行動すればいいとはまったく思っていません。

ではどうすればいいのか。

「感情は激しく、振り幅も大きくていい。でもその時間は短く」

というのが秘訣です。

怒りや哀しみを何年も何十年も引きずる人もいます。

その間、自分のことはもちろん、自分の近くにいる人も苦しめます。

私があなたに目指してもらいたいのは、「感情を無視してはいけない。封じ込めてはいけない。腹が立つことも悲しいこともしっかりと味わう。でもネガティブな感情はできるだけ早く忘れること」です。

このことは、3章でも述べました。**日記には、自分の生の喜怒哀楽を記録しておこう、そして、ネガティブな感情は書いたら忘れよう、**と。ネガティブ感情は、忘れないといつまでも心に引っかかってしまうからです。

そして、**ネガティブな感情を抱えたままで日記帳を閉じない、その感情を思い切り味わったあとは、「感情に共感→自分を肯定」と、プラスで締めくくることが大事**だということも前述しました。

とにかく、「感情は激しく、振り幅も大きくていい。でもその時間は短く」が大切なのです。

もっと「自分らしく生きる」ための日記

あなたには、日々、どんどん自分の「感じていること」に気づいてもらいたいと思います。そして自分らしい生き方をしてもらいたいと思います。そのためにもぜひ日記を書いてほしいと思います。

自分の感性に正直になり、自分らしく生きている人だけが、心の底から「他人が自分らしく生きること」も受け入れ、応援することができるからです。

毎日を自分らしく生きることができず、ガマンばかりして生きている人は、自分らしく生きようとしている他人に対してもガマンを強いようとしてしまいます。

生きていく中で忍耐が必要になることはたくさんあります。忍耐なしで成功を手に入れることは無理でしょう。

でも忍耐は自分でも納得のうえで、輝かしい未来のために耐え忍ぶことです。ガマンはただ単に「その場、その時間の苦痛に耐える」ことです。

ガマンが必要なことも多々あるとは思いますが、できることなら、自分に対しても他人に対しても、「単なるガマン」を強いることのない生き方をしたいものです。

「I want で生きよう」
「感性で生きよう」

本書では繰り返しそう述べていて、自分勝手に生きることをすすめているように聞こえるかもしれません。

自分らしさが消えかかっているときには、まずは自分を取り戻すことが大切ですから「他人の目を無視してでも、自分のことを優先させる」というステップが必要にもなります。

私がかかわった多くの不登校児は、いつも周囲の目ばかりを気にしていました。そんな子どもたちには、「もういいんだよ。他人の目は一切気にしなくて」と、まずは自分勝手といわれてもいいから、自分を取り戻すことを奨励《しょうれい》しました。

でも、「want で生きる」「感性で生きる」ということの最終形は、自分勝手に生きることではありません。

自分の感性を大事にし、自分らしく生きることができるようになると、人とのつながりを求めるようになります。自分のことだけで精いっぱいの状態から、他人の「I want」にも耳を傾け、サポートしたいと思えるようになるのです。

自分が自分らしく生きたいと望む人たちだからこそ、他人の自分らしさも大事にすることができるのです。

自分も正しいし、相手も正しい、と。そして、もっと深く人とつながることができるようになるのです。

自分の感性を抑えて生きている人間は、他人の感性も抑えつけ、ガマンを無理強いしようとしてしまいます。**自分のためにも、他人のためにも、自分の感性を大事にしなければなりません。**

もっと「リアリティ」のある生き方を

理性では「過去・現在・未来」を線で考えます。

それに対し、感性では「過去」と「未来」をぶった切って、前と後をぶった切って、「今、ここ」を「点」で感じます。

子どもたちは、さっきまで大泣きしていても、次の瞬間には大笑いします。「前後《ぜんご》際断《さいだん》」ができているのです。

何が起きるかわからないこの時代は、「線」で生きる人間にとってはとても生きづらいものになってきています。

過去も未来も線で考えたら不安や心配だらけです。今までのやり方では通用しないことがたくさん起こることでしょう。過去の成功体験がまったく通用しないこともあるでしょう。

だからこそ、「感性型の人間」が求められる時代になってきているのです。

「感性型の人間」こそ、「今・ここ」を大事にする、リアリティのある生き方をしている人です。「理性型の人間」は、過去の後悔や未来の不安に支配された、バーチャルな生き方をしている人です。

リアリティのある生き方をしている人は、机上の空論ではなく、今、目の前のことを大事にします。行動することを大事にします。

そして喜怒哀楽――今の感情も大事にします。無理にフタをしません。したがって、感情は激しいのですが、そのぶん引きずらないため、感情に振り回される時間はきわめて短いのです。

バーチャルな生き方をしている人は、机上の空論に振り回され、過去を悔やみ、

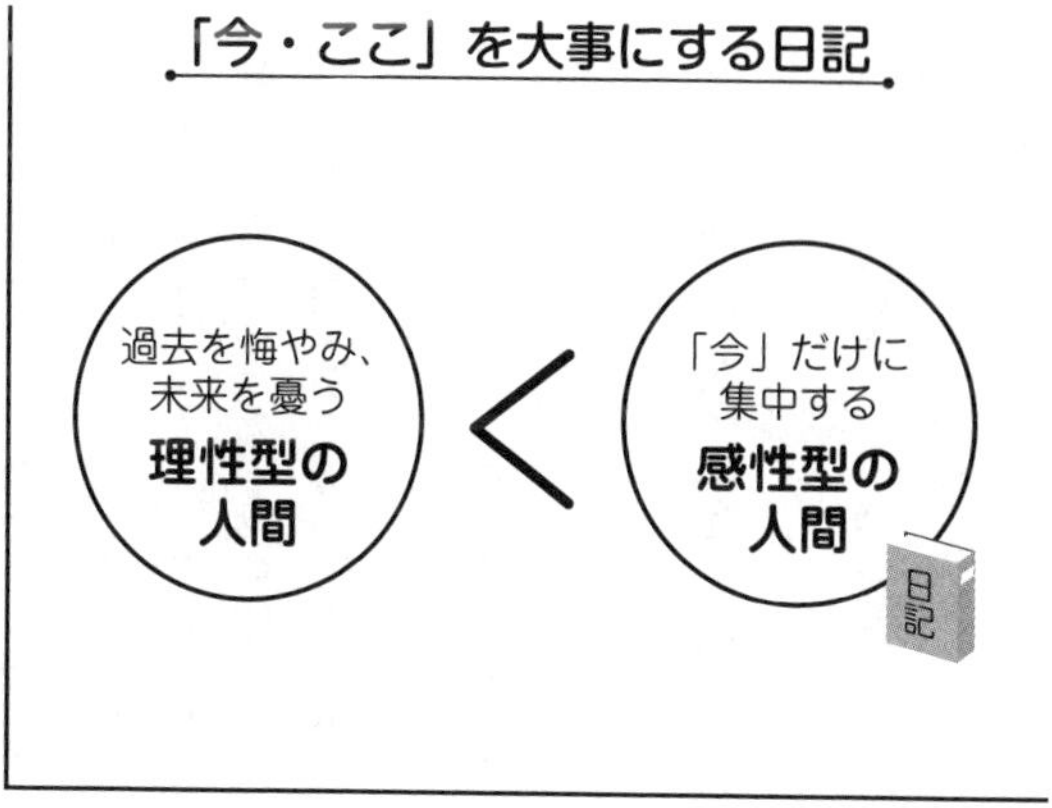

未来を憂《うれ》えてばかりいます。そして理屈や理想ばかり振りかざし、実際の行動は起こせません。

今のような混沌とした時代は、「何があるかわからない」ということを前提とし、「今・ここ」を大事にして、行動することが大切なのです。

そして、ここまでも述べてきたように、そういった**「今・ここ」を大事にして、「感性型の人間」となり、リアリティのある生き方をするためのツールとして、日記ほどシンプルで有効なものはないの**です。

ところで、人間関係においても「今・

ここ」を大事にすることが大切です。

目の前にいる人に、適当な対応をしたら、適当な印象を持たれます。

冷めた対応をしたら、冷めた印象を持たれます。

熱い対応をしたら、熱い印象を持たれます。

単なる名刺交換であっても、最高の名刺交換を「今・ここ」ですると、最高の印象を持たれます。

常に「今・ここ」を大事にして人に対応すれば、最高の人間関係を築くことができるでしょう。

あなたの感性を復活させる日記

最近、「自分が何を感じているか、どう感じているか」がわからなくなっている人だらけです。

「自分が、今、何をどう感じているか」を伝えようとしても、理性でしばらく考えたあとに「こんなことを感じている」という人がほとんどです。

また、「プラス思考主義」の悪しき啓蒙活動の結果なのか、心が苦しんでいたり、悲しんでいたりしているのに、それを封印して、プラスの言葉でとりつくろう人が多いのです。

自分が感じていることに対して嘘をつき続けているうちに、自分が何を感じているかわからなくなってきてしまう、不感症になってしまう、ということは、前にも述べました。

何よりも正直で、何よりもパワーを持つ「感性の力」を封印し、理性で処理しようとしている人のなんと多いことか。

感性の持つパワーは無限大です。それを封印してはいけません。

ある会社の社員研修でのことです。そこの社員さんと話しているときに「今、何を感じていますか？」と訊いたら、一生懸命、正解を探し出そうとしていました。

「どう答えたら、正解なのだろう」

「どう答えたら、ＯＫが出るのだろう」
「どう答えたら、評価されるのだろう」
「どう答えたら、カッコいいのだろう」

そんな他人からの評価を気にして、「自分が今、何を感じているか」に素直に耳を傾けられなくなっているのです。

「自分が今、何を感じているのか」の問いに「正解」「不正解」などありません。他人の評価を気にしながら、自分の感性にフタをして封じ込めてしまってはいけないのです。

感性が鈍っている人間が「自分はこれがやりたい！」「自分はこうなりたい！」と心の底から思えるはずがありません。いつも、「want」よりも「should（〜すべきこと）」や「must（〜しなければならないこと）」で頭がいっぱいになってしまっているからです。

何よりも先に「感性の復活」が必要です。そのために日記を書くのです。そして、自分の本当の思いや感情に気づくことが大切です。

子どもは「テレビゲームをやりたい」と思ったら、親が禁止しようが、親の目から隠れてゲームをやってしまいます。大人でも、自分の大好きなことは、どんなに忙しくてもやってしまうものです。

人は感性で心の底から「やりたい」と感じたこと、思ったことは、先延ばしできません。逆に、理性で「やるべきだ」「やらなければならない」と思ったことは、意外と先延ばしにしてしまうことが多いのです。

自分の行動力を高めたいと思ったら、いかに「I want」を引き出すかです。そして、繰り返しますが、日記はそのための最高のツールなのです。

「はじめてのおつかい」に学べること

あなたは、テレビ番組の「はじめてのおつかい」を見たことがありますか。3歳～5歳くらいの子が親に頼まれてはじめて買い物に行く様子を紹介する番組です。

この番組を見ていると、「これぞ感性だ」と思わされます。

大人になると、買い物に行くために、必要なお金を持って、最短ルートで最短の時間で行きます。効率的、合理的な行動をします。

しかし、そこには何のドラマも感動もありません。

でも、番組に登場する子どもたちは、買い物に行く道中で、犬がいると一緒に遊んでしまったり、興味があるものに出会うと立ち止まったりして、「今・ここ」に集中して遊んでしまうのです。そして、笑ったり泣いたりしています。

わずかな距離の買い物に、たくさんのドラマがある。そのドラマは、子どもの感性から生み出されているのです。

私たち大人は、「今を感じる感性」を忘れていないでしょうか。

効率性、合理性の追求ばかりし、仕事をこなすことに一生懸命になってしまい「今を喜び」「今を楽しみ」「今を悔しく感じ」「今を怒り」「今を悲しみ」「今に感謝」していないような気がしてならないのです。

「はじめてのおつかい」は、何か大事なことを思い出させてくれる素晴らしい番組です。

私たち大人にも、じつは、楽しみや喜びが周囲にあふれているのです。それを感じられる感性を大切にしましょう。そのために、日記を書きましょう。

第7章

何を大事にするか？

——日記で「人生のルール」を変えていこう

マイナス感情は大事なメッセージ

「感じることが大切だ」と前章で述べました。

感じることは「快」だけではありません。人間ですから「不快」も当然あるでしょう。

書店にあふれる自己啓発書や成功哲学本の多くには、「負」「不」の感情はよくない、感じてはいけないと書かれています。

しかし、はたしてそうなのでしょうか。

私は、**「人が負（不）の感情を持つのは当たり前」**ということを前提としています。そして、その**マイナス感情こそが自分を成長させるための大事なメッセージ**なのだと思っています。

たとえば、怒りはネガティブな感情としてとらえられています。

「喜」「楽」よりも、どうしても「怒」、それから「哀」は悪いものと考えられているのです。そのため「怒」「哀」を、人はなるべく表現することなく、抑え込もうとします。でも「怒」や「哀」も、湧き上がってきたのなら、発散すればいいと私は思います。

自分の本能が「怒」「哀」と感じているのに、本能とは裏腹に別の感情の言葉を発したり、別の行動をしたりしていると、本能と実態が乖離《かいり》していき、自分が自分でいられなくなっていってしまうからです。放っておくと、本当の自分が何者なのかがまったくわからなくなってしまうのです。

実際、私はそんな人に何人も出会ってきました。

不登校やニートと呼ばれる人たちばかりではありません。明るく、楽観的だと評価されている人の中にもじつはそういう人たちがいるのを見てきました。

怖いことに、彼らは強力な「マイナス感情は悪である」という考えを持っており、感性が著しく鈍ってしまっているのです。

そして、自分が何者なのか、何をやりたいのかわからない、恋人どころか好きな人すらいない、というような日々を生きているのです。

もちろん、いつでもどこでも感情のままに振る舞っていればいいといっているわけではありません。TPOを考える必要もあるでしょう。

でも、自分がありのままの感情をまったく出せないのでは、病気になってしまいます。

私はいつも、**「喜怒哀楽、それぞれの感情には意味がある。それぞれの感情自体にはいいも悪いもない。だからそれぞれの感情を思い切り味わおう」**と思っています。怒ったならば怒ればいいのです。そして、前にも述べたように、「感情は激しくても振り幅が大きくてもいい。でも時間は短く」です。

もちろん、その**怒りを出してはいけない場面もあるでしょう。そんなときこそ日記に書く**のです。

そして、3章で述べたように、**ひとしきりその感情を味わったあとは、その感情を肯定し、あとは忘れてしまえばいい**のです。

そんな日記を続けているうちに、「怒らなくなる自分に自然となっていた」というならそれはもう本当に最高です。

「今、自分は何を恐れたか？」を書き出してみる

私は、マイナス感情も「意味がある」「役に立つ」と考えています。理性で無理やり封じ込めるのではなく、マイナス感情ですら味方にしてしまいましょう、というのが私の考えです。

「怒り」といえば、ネガティブなイメージが先行し、怒らないことが人格者、人徳者かのようにいわれている風潮がありますが、この感情には大きなプラスもあります。

「怒り」というのは、どういうときに湧いてくるのでしょうか。

多くの場合、**怒りは「恐れ」から湧いてくる**のです。

では、人はどんなとき恐れを抱くか。それは、何かを「奪われる」、何かを「失う」ときです。

たとえば、自分のお金、資産、仕事、人間関係、チャンス、プライド、恋人、

「怒り」に上手に対処する日記

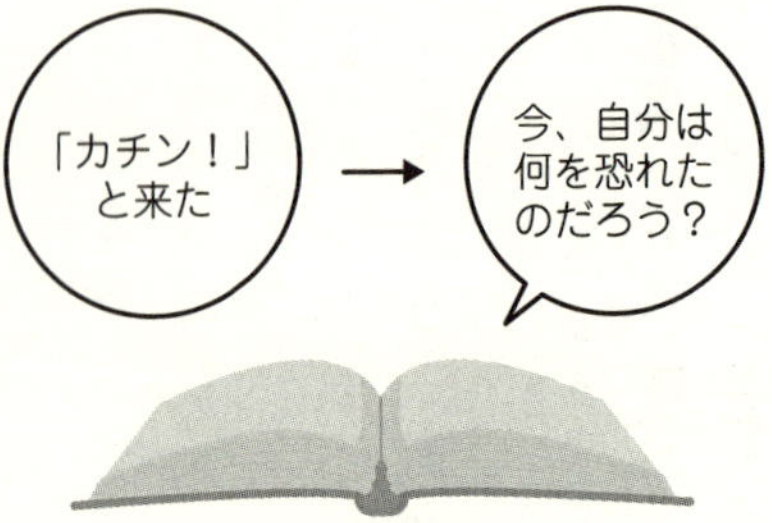

時間……そして命を「奪われる」「失う」ときです。

怒りには大小がありますが、小さな「カチン！」というのも、やはり根底には恐れがあります。

あなたも「カチン！」ときたときに、その怒りを無理やり封印してしまうのではなく、「今、自分は何を恐れたのだろう？」と心の中を点検してみるといいでしょう。そしてそれをノートやメモ帳、手帳に書き出して、精査してみるといいでしょう。

恐れの正体がわかれば、それにうまく対処することができるようになるでしょう。

自分のルールを押しつけていないか？

また、「怒りはどこからくるのか？」というと、「自分のルールを壊されるとき」です。

誰もが、普通はこうだ、自分のやり方はこうだというルールを持っています。いろいろな経験を積み、たくさんの成功をおさめてきた人ほど、「こうあるべし」というルールを多く持っています。

そのルールをたくさん持っているからこそ、上手に成功してきたわけです。ですから、経験不足の人間などを見ると「わかってないな」などと見下したり、イライラ、ムカムカしたりするのです。

自分が何かをやるときに、自分独自のルールを持っていて当然です。

ですが、その自分のルールを、多くの人が他人に対しても求めているのが実情です。それで相手は「カチン！」となるのです。相手が自分の生き方に自信を持っている人ほどカチンときます。

他人のルールを勝手に押しつけられたら、誰でも嫌です。だから、**自分のルールを他人に押しつけてしまっていないかと精査する必要があります。**

ただし、同じ目標に向かってみんなで行動しているとき、同じルールを共有できない人に対しては、怒るのではなく、別れるのがいいと思います。

同じ目標をみんなで追うのなら、共通のルールが必要となります。それなのに、「同じ目標を追いたいけれど、自分だけ違うルールがいい」ということはありえないからです。

たとえていうと、「会社を上場したい」という目標があるのなら、その目標を達成するための外せないルールがあるわけです。それを守れないのなら、違うルールの世界に移ってもらうほかありません。

その怒りは、自分を守るため？

自分を守るために「専守防衛」ならぬ「先制防衛」で怒る人がいます。

自分を守るため、自分のプライドを守るために、先手を取って相手の悪口をいったり、多数派工作をしたり、攻撃したりします。

それも善人の仮面をかぶり、相手に同情したふりをしながら、巧妙に自分の立場を守りながら相手の株を落とすことを仕掛ける人がいるので、怖いのです。

プライドというのは「自分を尊ぶ心」です。そこに他人は一切介在しません。

本当の自尊心がある人は、他人にどう思われるかなど一切気にしません。自分が自分を尊んでいるからです。

この自尊心を持っている人は、他人の視線を気にしながら毎日をイライラ過ごしている人とはまったく違う心安らかな生き方をしています。

自分に誇りを持ち、自分を尊んでいる人は、他人に対する「こうすべき」「こ

うあるべし」がきわめて少なく、寛大な生き方をしているので、人も、幸せも近づいてきます。

どうせ怒るなら大きく怒れ

「怒り」は最悪のマイナス感情かのように語られることがあります。

しかし、世の中を進化させてきたのは「怒り」です。

「怒らず、すべてを受け入れようよ」というだけでは、あらゆる危機にも脅威にもただ服従するだけで、人類は生き延びてこられなかったことでしょう。

「怒り」のパワーを活用した人が世の中を変えてきたのです。

社会に怒れ。政治に怒れ。不自由さに怒れ。既得権益に怒れ――。ヤマト運輸の小倉昌男は、大いに怒りました。

ダイエーの創業者の中内功はメーカー主導の業界のあり方に大いに怒りました。

松下幸之助も本田宗一郎も多くの怒りを抱えながら人のため、世の中のために頑張ったのです。

大きな仕事を成し遂げた人はみな「怒り」を上手に活用したのではないかと思います。

あなたが怒っていることはありますか？　上司や部下や伴侶《はんりょ》にぶつけるような「小さな怒り」ではありません。もっと大きな怒りです。

あなたの「大きな怒り」を日記に書き出してみましょう。そしてそれを行動するエネルギーにしましょう。

何かにカチンときたときは日記にこう書く

私は、**怒りで「カチン！」とくるのは天からのメッセージと思えばいいのではないか**と考えています。

・カチンとくるときは、自分のルールを人に押しつけているとき

・カチンとくるときは、自分が何か不安があるとき
・カチンとくるときは、自分が疲労困憊《こんぱい》のとき
・カチンとくるときは、自分に余裕がなくなっているとき
・カチンとくるときは、自分が何かに執着しているとき
・カチンとくるときは、自分本位で相手の立場を理解していないとき
……

と。

天が「おいおい、今村、また感性を忘れた生き方をしているんじゃないか?」と、コンコンとノックをしながらメッセージをくれていると思うようにしています。

あなたが怒ったとき、天からどんなメッセーを受け取ったか——日々、日記に書きながら、自分の怒りを研究するといいでしょう。

「恐れ」を小さくする方法

誰でもさまざまな「恐れ」というものを持っています。

敵への恐れ、味方への恐れ、貧乏への恐れ、病気への恐れ、災害への恐れ、失敗への恐れ、孤独への恐れ……。

恐れを取り除く方法は「自らの行動」しかありません。どんなに頭の中で考えても、自ら行動しないかぎり恐れから解放されることはありません。

周囲がいろいろと助けてくれても、あなたの心の中の恐れは、あなたの自らの行動でしか消すことはできません。

恐れを取り除くには、逃げずに行動し、正面からぶち当たることです。そうすると恐れのほうが逃げていきます。

もし失敗しても、逃げ続けるより最悪の結果になることはありません。何度もそういうことを積み重ねて、恐れは小さくなっていくのです。

恐れがあるとき、逃げたくなっているときは、じつは自分が成長するチャンスでもあるのです。

まず、**「今、自分は何を恐れているのか、何から逃げ出したくなっているのか」ということを正直に書き出してみる**ことです。恐れている自分を恥ずかしがらず、認めることです。

「今、自分は何を恐れているのか、何から逃げ出したくなっているのか」――それに気づくだけですごいことなのです。普通は気づかないまま、無意識にただ恐れ、逃げ続けているだけなのですから。

「今、自分は何を恐れているのか、何から逃げ出したくなっているのか」を日記に書くと、「自分をわかってくれた」と自分が喜び、大きく前進することができるのです。

ある銀行員の告白

何か不平不満を持っているときというのは、心の中がさざ波立っていて、集中して物事に取り組めません。そのため成果を出しにくい状態です。

私はこのことについて、深く語れます。なぜなら、不平不満を持っていたために何度も何度も失敗を重ねてきた経験があるからです。

そして、「どのようにしたら、それを乗り越えられるのだろう」と日々、考えてきました。

私は元銀行員なのですが、最低、最悪のダメ銀行員でした。

周りは超一流大学卒の頭のいい人間ばかりでしたが、頭でっかちなわけでもなく、人間的魅力にあふれている人ばかりで、私よりはるかに能力の高い人ばかりでした。そして、私より能力が高いことに加えて、私より何倍もの努力をしている人ばかりだったのです。

そんな中で、私はいつも上司に不平不満を持っていました。

私は仕事ができない人間ではありました。しかし、手前味噌ではありますが、同僚や後輩たちからはちょっとした人気がありました。いつも上司に文句をいい、

「ウチの方針は間違っている」とたてつく。しかし同僚や後輩たちに怒ったりすることはなく、「俺は弱者の味方だ。俺が正義だ」と本気で思っていました。

そして、慕ってくれる同僚や後輩の話を聞きながら、「みんな、私には心を開いてくれる」などと、うぬぼれていました。

銀行を退職しようと心に決めてからは「ただ辞めるのはプライドが許さない。新規開拓で一番になってから退職しよう」と目標を定め、実際に一番になってから退職しました。

カッコいいようでいて、じつは「自分は銀行という職場で、上に行ける適性がない」ことも自覚していて、それが悔しいという後ろ向きのエネルギーだけで仕事をしていたのです。

今思うと恥ずかしくてしかたありません。

何もわかっていませんでした。

そんな自分の経験を通しても、「不平不満で心がいっぱいのときはうまくいかない」ということを断言できます。

不平不満をいうのは、「自分ができないこと」「自分が未熟であること」「自分が経験不足であること」などを正当化しようしているにすぎない――。あるレベル以上の人から見ると、「不平不満をいうのは、自分がいかに無能かをアピールしているようなもの」なのです。

「不平不満病」の人は、ただ環境を変えただけでは、また同じパターンを繰り返すだけです。

不平不満は環境だけが問題ではありません。自らの「感じ方」に大きな問題があるのです。

不平不満のエネルギーをもとに成功することもあります。しかし、そこに心の平安はありません。一時の成功を手に入れることはできても、維持できないのです。

つまり幸せにはなれません。

毎日に満足していない人。

満足していない人は、心穏やかなはずがない。

心穏やかでない人が、幸せになれるはずがない。

そういうことです。

このことに気づきましょう。

油断大敵より不満大敵

先にもご紹介しましたが、私が長くおつき合いさせていただき、大変尊敬しているボクシングの元世界チャンピオンの大橋秀行会長のお話をします。自らが世界チャンピオンになっただけでなく、弟子も世界チャンピオンに育てる名指導者であり、日本有数のジムをつくり上げた名経営者です。

大橋会長からは、世界タイトルマッチに身近で触れさせていただくなど、生涯忘れられないさまざまな体験をさせていただきました。私の恩師のような方です。

大橋会長が私に話してくださった言葉で忘れられないものがあります。

「世界で戦っている人間で、油断しているような甘い人間はいないんだよ。やっとまわってきたチャンスで油断するようなバカは世界レベルにはいない。

でも、自分は高校時代、オリンピック予選、プロに入ってからもいくつか肝心なところで負けた。そのときになんでだろう、と考えたら、**負けたときは決まって周囲の人に不満を持っていたんだよね。**

ジムの会長への不満、スタッフへの不満、指導内容への不満。それからは不満は持たないようにしよう、嘘でもいいからジムの会長を好きになろうと思うようになった。そうしたらやっぱり結果は変わってくるんだよね。**大事なことは、油断大敵以上に不満大敵ということなんだよ**」

そう話をしてくださったのです。

「大事なことは、油断大敵以上に不満大敵」

――なんとも素晴らしい言葉です。

世界のトップレベルで戦い、今も日々、責任ある立場で大変な職務にあたっている大橋会長の言葉はとても深いものです。

私を、不満を感じている自分に気づいたらすぐに気持ちを改めるようにさせてくれたのは、大橋会長の一言でした。

さあ、今日から日記で人生を変えよう

いつも同じような悩みを抱えている人がいます。一つの悩みを解決しても、また同様の悩みを抱えるのです。お金の問題であったり、健康の問題であったり、恋人の問題であったり……。

こういったとき、第三者からしてみると「意外と解決方法は簡単なのに……」ということがよくあります。

悩むのは、その悩みを抱えている人間の「手放せない趣味」のようなものであることも多いのです。

「そんなバカな。趣味なんかじゃない。本当に苦しみ、悩んでいるんだ！」とい

う声が聞こえてきそうですが、根本のところから考えてみると、結局、「自分の考え」「自分の行動」に問題があることが多いのです。

ではどうするか。

「自分」のことをもっとよく知るしかありません。

「自分」のことをもっとよく知るためにはどうするか。

そのもっともシンプルで効果的なツールこそ、日記です。

それでは、あなたの日記に一文字目を書いてみてください。

さあ、人生を変えましょう。

〈了〉

本書は、フォレスト出版より刊行された『1分間の日記で夢は必ずかなう!』を、文庫収録にあたり再編集のうえ、改題したものです。

今村　暁（いまむら・さとる）
一般財団法人日本そうじ協会理事長。
１９７１年、静岡県生まれ。北海道大学法学部卒業後、日本長期信用銀行を経て独立。「感性教育」「習慣教育」「能力開発」「掃除道」などの研究と実践を基に、数多くの企業のコンサルティングを行なう。同時に、経営者、管理職、アスリートの目標達成のサポートも行なっている。１０００人以上もの日記を見て指導してきた、効果絶大の日記の書き方、使い方をレクチャーした『３分間日記』はベストセラーとなった。
著書に、『３分間日記』『習慣力　１日１分７つのステップ』『10秒朝そうじの習慣』『頭の雑音を掃除する「メモ化」』『マンガでわかる　すごい掃除』など多数がある。

知的生きかた文庫

されど日記《にっき》で人生《じんせい》は変《か》わる

著　者　今村《いまむら》　暁《さとる》
発行者　押鐘太陽
発行所　株式会社三笠書房
〒一〇二-〇〇七二　東京都千代田区飯田橋三-三-一
電話〇三-五二二六-五七三四〈営業部〉
　　〇三-五二二六-五七三一〈編集部〉
http://www.mikasashobo.co.jp
印刷　誠宏印刷
製本　若林製本工場

ISBN978-4-8379-8609-6 C0130

知的生きかた文庫

禅、シンプル生活のすすめ
枡野俊明

求めない、こだわらない、とらわれない――「世界が尊敬する日本人100人」に選出された著者が説く、ラク～に生きる人生のコツ。開いたページに「答え」があります。

気にしない練習
名取芳彦

「気にしない人」になるには、ちょっとした練習が必要。仏教的な視点から、うつうつ、イライラ、クヨクヨを〝放念する〟心のトレーニング法を紹介します。

超訳 般若心経 〝すべて〟の悩みが小さく見えてくる
境野勝悟

般若心経には、〝あらゆる悩み〟を解消する知恵がつまっている。小さなことにとらわれず、毎日楽しく幸せに生きるためのヒントをわかりやすく〝超訳〟で解説。

超訳 孫子の兵法 「最後に勝つ人」の絶対ルール
田口佳史

ライバルとの競争、取引先との交渉、トラブルへの対処……孫子を知れば、「駆け引き」と「段取り」に圧倒的に強くなる！ ビジネスマン必読の書！

空海 「折れない心」をつくる言葉
池口恵観

空海の言葉に触れれば、生き方に「力強さ」が身につく！ 現代人の心に響く「知恵」が満載！ 「悩む前に、まずは行動してみる」ことの大切さを教えてくれる一冊。

C50327

知的生きかた文庫

本は10冊同時に読め！

成毛 眞

本は最後まで読む必要はない、仕事とは直接関係のない本を読め、読書メモはとるな――これまでの読書術の常識を覆す、画期的読書術！　人生が劇的に面白くなる！

「1冊10分」で読める速読術

佐々木豊文

音声化しないで1行を1秒で読む、瞬時に行末と次の行頭を読む、漢字とカタカナだけを高速で追う……あなたの常識を引っ繰り返す本の読み方・生かし方！

読書は「アウトプット」が99％

藤井孝一

「読後に何をするか」で、リターンは10倍にも20倍にもなる！　本物の〝使える知識〟が身につく、本の「読み方・選び方・活かし方」！

自分のための人生

ウエイン・W・ダイアー【著】
渡部昇一【訳】

自分の中の弱さを取り払い、常に創造への気構えを持ち続ける――そこから人生の成長が始まる！　世界的ベストセラーとなったダイアー博士の処女作！

時間を忘れるほど面白い雑学の本

竹内 均【編】

1分で頭と心に「知的な興奮」！　身近に使う言葉や、何気なく見ているものの面白い裏側を紹介。毎日がもっと楽しくなるネタが満載の一冊です！

C50325